必要な資格から業務の内容まで

介護・福祉の仕事がわかる本

結城康博
Yuki Yasuhiro

黒岩亮子
Kuroiwa Ryoko

（編著）

日本実業出版社

は じ め に

　超高齢化社会の到来によって、「福祉」「介護」は身近な問題になりました。決して特別な人だけの問題ではなく、福祉はすべての人にとって必要となるサービスで、多くの福祉関係者が現場で働いています。しかし、介護の仕事などは「給与が安い（昇給が低い）」「きつい仕事（腰痛や深夜勤務）」「結婚できない」「汚い（排せつ介助）」「危険（感染症など）」といった「K」職場といわれることがあります。

　たしかに、「介護士（介護福祉士＋ヘルパー）」などの仕事の環境は決して最良とはいえません。しかし、マイナスのイメージだけではなく、「感謝される」「人の役に立つ」「人生を学べる」「人と接して楽しい」「失業がない（介護ニーズはなくならない）」といったプラスの部分もあります。しかも、介護に関する仕事は介護士だけではなく、たくさんの職種で協力し合って高齢者や障害者の方々に携わっています。

　そこで、福祉の仕事について多くの人々に理解してもらおうと、介護現場などの人たちが中心になって本書を執筆しました。そして、そこで働くための資格などにも触れながら、福祉に携わる人たちの仕事内容を紹介し、少しでも仕事の魅力を感じてもらえればと思います。

　なお、本書では「介護」といった場合、おもに高齢者を対象としたサービスを意味しています。本来、介護といえば障害者を対象としたサービスもあり、決して高齢者ばかりではありません。しかし、多少の制度やしくみも理解しなければなりません。高齢者および障害者の両福祉（保険）制度を説明していくと、読者のみなさんにもわかりにくくなると思いますので、高齢者分野を中心に話を進めていきます。

　なお、本書では「ケアマネジャー」という職種が頻繁に出てきます。実際、ケアマネジャーは介護関係者をコーディネートする役割があるので、施設であっても在宅分野であっても調整役として大きな働きをしているので、各章の職種は基本的に「ケアマネジャーとの関わり」で説明しています。

　また、福祉の仕事を理解するには、それぞれの場と、そこにふさわしい

資格を有した専門職を理解することが早道ですし、同じ職種でも場ごとに仕事が変わります。そこで、本書は資格を最初に紹介したうえで、「働く場」を切り口にして説明しています。

　高校生や大学生、福祉に興味をもっている社会人、資格を取ろうとしている人に本書を読んでいただければ幸いです。

執筆者を代表して
結城康博（淑徳大学准教授）

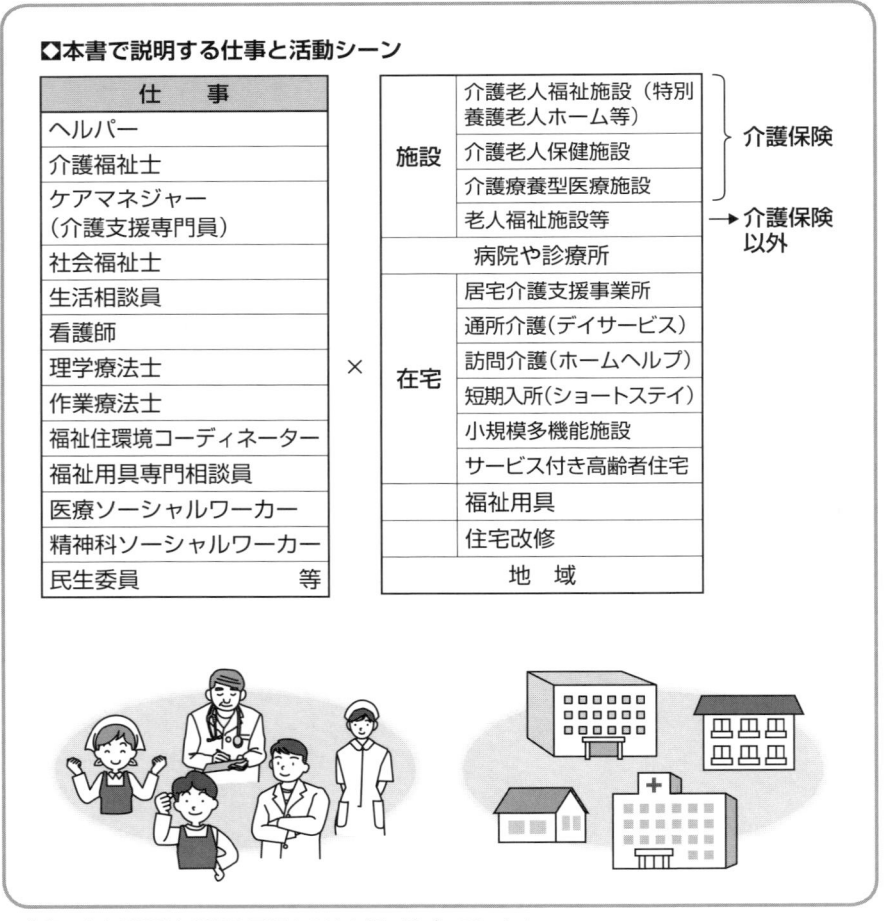

◪本書で説明する仕事と活動シーン

仕事
ヘルパー
介護福祉士
ケアマネジャー（介護支援専門員）
社会福祉士
生活相談員
看護師
理学療法士
作業療法士
福祉住環境コーディネーター
福祉用具専門相談員
医療ソーシャルワーカー
精神科ソーシャルワーカー
民生委員　　　　　　　等

×

施設	介護老人福祉施設（特別養護老人ホーム等）	｝介護保険
	介護老人保健施設	
	介護療養型医療施設	
	老人福祉施設等	→介護保険以外
	病院や診療所	
在宅	居宅介護支援事業所	
	通所介護（デイサービス）	
	訪問介護（ホームヘルプ）	
	短期入所（ショートステイ）	
	小規模多機能施設	
	サービス付き高齢者住宅	
	福祉用具	
	住宅改修	
地域		

※本書の内容は2011年12月1日現在の法令等に基づいています。

必要な資格から業務の内容まで　介護・福祉の仕事がわかる本

もくじ

はじめに

序章　介護に携わる人たちの資格

第1章
相談業務を中心とした介護・医療系施設の仕事

- **1-1** 施設における相談業務の現状 ………………………… 26
  適切な情報開示とリスク回避への助言で、利用者の代弁者となる
- **1-2** 相談業務を担う職種と配置している施設の役割 ……… 28
  相談業務は、施設の機能ごとに相談内容が変わる
- **1-3** 施設の相談業務に従事するための資格 ……………… 30
  施設等で相談業務を行なうためには、一定の資格が必要
- **1-4** 福祉施設で利用者の生活を支える生活相談員①
  （指定介護老人福祉施設） ……………………………… 32
  指定介護老人福祉施設で相談業務にあたる生活相談員の仕事とは
- **1-5** 福祉施設で利用者の生活を支える生活相談員②
  （その他の高齢者施設） ………………………………… 34
  生活相談員は介護老人福祉施設以外の施設にも勤務している
- **1-6** 在宅復帰を支援する支援相談員 ……………………… 36
  退所までではなく、利用者の退所後の在宅生活が安定するまでが業務
- **1-7** 施設サービスの調整をする介護支援専門員 ………… 38
  介護保険施設でケアプランの作成・実施についての相談業務を行なう
- **1-8** 医療ソーシャルワーカー（MSW） …………………… 40
  医療機関で働く相談援助の専門職として活動する
- **1-9** 精神科ソーシャルワーカー（PSW） ………………… 42
  医療機関だけではなく、地域での支援業務でも活躍
- **1-10** 施設での相談援助に求められるもの ………………… 44
  利用者や看者を人として敬う姿勢を忘れずに

| COLUMN | 介護・福祉の仕事への思い① | 46 |

第2章 介護老人福祉施設の仕事

- **2-1** 特別養護老人ホームの仕事 …… 48
  特別養護老人ホームはさまざまな専門職の人たちが支えている
- **2-2** 特別養護老人ホームで働く介護士の仕事 …… 50
  入浴、排せつ、食事など、さまざまな援助を通して日常生活を支える
- **2-3** 栄養士や管理栄養士の仕事 …… 52
  高度な知識と技術をもって給食管理などの栄養指導を行なう専門職
- **2-4** 理学療法士や作業療法士の仕事 …… 54
  お年寄りの機能の回復や維持・向上を図る
- **2-5** 生活相談員の仕事 …… 56
  生活相談員の仕事は「何でも」というくらい多岐にわたる
- **2-6** 認知症対応型共同生活介護（グループホーム）の仕事 …… 58
  家庭的な雰囲気のなかで暮らせるように支援する
- **2-7** 地域密着型サービスと近隣住民との関係 …… 60
  高齢者が自分らしく生きるための手助けをする施設
- **2-8** グループホームで働く介護士の仕事 …… 62
  介護士には、その人のもっている力を引き出す介護力が求められる
- **2-9** グループホームと医療との連携 …… 64
  訪問看護のサービスを利用することで、安心して生活を続けてもらえる

| COLUMN | 介護・福祉の仕事への思い② | 66 |

第3章 介護施設における看護師の仕事

- **3-1** 医療スタッフが働く介護保険施設 …… 68
  医療スタッフが働く介護保険施設は3つある

3-2	介護保険施設で働く医療のスペシャリスト	70

介護保険施設では看護師が重要な医療の専門家

3-3	医療ニーズの増加と看護師の必要性①	72

高齢化にともない、医療処置を受ける入所者が増えている

3-4	医療ニーズの増加と看護師の必要性②	74

看護師のおもな業務は「健康管理」と「医療処置」である

3-5	介護療養型医療施設における看護師の役割	76

介護士と明確に役割を分担して働く

3-6	介護老人保健施設における看護師の役割	78

「在宅復帰」を目標にチームでケアする介護老人保健施設の看護師

3-7	特別養護老人ホームにおける看護師の役割	80

唯一の医療の専門家

3-8	看護師とほかスタッフとの連携の重要性	82

介護保険施設では介護士との連携なくして最良のケアはできない

3-9	介護保険施設での看取り	84

穏やかな最期を迎えられるように援助をする

3-10	介護保険施設でますます活躍が期待される看護師	86

入所者やスタッフと信頼関係を築いてサービスを提供する

COLUMN	介護・福祉の仕事への思い③	88

第4章
在宅(地域)における相談機関の仕事

4-1	居宅介護支援事業所で働くケアマネジャー	90

利用者の生活課題解決にあたるトータルコーディネイター

4-2	ケアマネジメントサイクルを回す	92

専門知識をはじめ、対人関係を円滑にする技能が求められる

4-3	給付管理業務と求められる資質とスキル	94

事務的管理能力も重要。ただし、一番大事なことは豊かな人間性

4-4	地域包括支援センターの概要と事業の種類	96

高齢社会問題も含め、地域再構築に向けて発信する中核機関

| 4-5 | 包括的支援事業の内容と職種の関連 | 98 |

総合相談は「社会福祉士が中心になって担う業務」

| 4-6 | 社会福祉協議会の職員 | 100 |

福祉のまちづくりをめざすコミュニティーワーカー「社協マン」

| 4-7 | 日常生活自立支援事業 | 102 |

具体的な支援は専門員と生活支援員が行なう

| 4-8 | 福祉事務所の仕事 | 104 |

被保護世帯の4割超が高齢者なため、介護との連携性が高まっている

| 4-9 | デイサービスの生活相談員 | 106 |

デイサービスと利用者・家族・地域をつなぐソーシャルワーカー

| 4-10 | 地域支援事業における生活援助員（LSA） | 108 |

住まいと福祉をつなぐ、日常生活支援の頼れる存在

COLUMN 介護・福祉の仕事への思い④ ……………………………… 110

第5章
訪問介護の仕事

| 5-1 | 訪問介護とは？ | 112 |

わが家での暮らしを支える役割を果たすもっとも身近な存在

| 5-2 | 訪問介護の働き方 | 114 |

働く場所は利用者の自宅だが、働き方や所属先はさまざま

| 5-3 | 訪問介護の仕事① | 116 |

生活の基礎を整え、暮らしの安定を図り、衛生面や病気予防の意味ももつ

| 5-4 | 訪問介護の仕事② | 118 |

利用者本人の日常の生活に関わる事柄のみ手伝う

| 5-5 | 訪問介護に必要とされること① | 120 |

「利用者が望む、その人らしい暮らしに向けて」が援助の基本

| 5-6 | 訪問介護に必要とされること② | 122 |

小さい変化を伝える役割を担い、利用者の行動や生活習慣を見極める

| 5-7 | 訪問介護の需要と向上心 | 124 |

訪問介護はますます必要とされる

| 5-8 | ホームヘルパーに向いている人 | 126 |

人と人との関係で成り立つ仕事なので、信頼関係が大事

5-9	小規模多機能型居宅介護とは？ ……………………………… 128
	通い・訪問・泊まりが一体化されているサービスで居宅扱いとなる
5-10	小規模多機能型居宅介護の利用 ……………………………… 130
	1人ひとりに合わせた柔軟な対応で、それぞれの暮らしを支える
COLUMN	介護・福祉の仕事への思い⑤ …………………………………… 132

第6章 通所介護（デイサービス）の仕事

6-1	利用者や家族が安心して生活していくための通所介護（デイサービス） ……………………………………… 134
	介護サービスのなかでも、もっとも急速に普及している
6-2	通所介護で働く人たち ………………………………………… 136
	介護保険法で人員が厳しく決まっている
6-3	生活相談員業務の現状 ………………………………………… 138
	仕事の幅は広く、チームワークが求められる
6-4	通所介護利用の手続き ………………………………………… 140
	与えられる介護サービスから選ぶ介護サービスへ
6-5	通所介護の1日の流れ ………………………………………… 142
	営業時間は事業所によってさまざま
6-6	営業活動はケアマネジャーに行なう ………………………… 144
	いくらよいサービスを提供しても、利用者がいなければ意味がない
6-7	苦情対応 ………………………………………………………… 146
	苦情は怖くない。成長のチャンス。チームワークで乗り越えよう
6-8	送迎業務 ………………………………………………………… 148
	スタッフが安心して送迎業務を行なえる体制づくりが大切
6-9	通所介護計画書作成の流れ …………………………………… 150
	通所介護計画書がなければサービスを行なえない
6-10	モニタリング …………………………………………………… 152
	モニタリングと目標の再設定により、利用者が望む生活を支援する
COLUMN	介護・福祉の仕事への思い⑥ …………………………………… 154

第7章 福祉用具の仕事

- **7-1** 福祉用具って何？ ……………………………… 156
  福祉用具は生活を便利にしてくれる道具。特別な物ではない
- **7-2** 福祉用具選定のスペシャリスト ……………… 158
  意外と知られていないが、幅広い知識や技術が求められる
- **7-3** 福祉用具専門相談員の仕事 …………………… 160
  福祉用具の選定のための計画書作りが要求されている
- **7-4** 福祉用具導入後の仕事 ………………………… 162
  安心、安全に使ってもらうためのさまざまな業務
- **7-5** 介護保険の対象になる福祉用具 ……………… 164
  選択肢の広がる福祉用具、福祉用具専門相談員の活躍場所
- **COLUMN** 介護・福祉の仕事への思い⑦ ……………… 166

第8章 住宅改修の仕事

- **8-1** 住宅改修の仕事 ………………………………… 168
  福祉・保健・医療・建築の幅広い知識や技術が必要
- **8-2** 高齢者が住まいで感じる支障 ………………… 170
  日本の住宅は伝統的にバリア（障壁）が多く存在している
- **8-3** 介護保険の住宅改修概要と申請手順 ………… 172
  介護保険における住宅改修の支給額には限度がある
- **8-4** 住宅改修に携わる人々と資格 ………………… 174
  理由書を作成できる専門家は市町村で異なる
- **8-5** 住宅改修の工事 ………………………………… 176
  住宅改修においては、6項目が対象となる
- **COLUMN** 介護・福祉の仕事への思い⑧ ……………… 178

第9章 高齢者住宅等で働く仕事

- **9-1** 高齢者をとりまく環境の変化 …………………………… 180
  家族に介護してもらうことが当たり前ではなくなった
- **9-2** 高齢者の暮らしに必要なサービス …………………… 182
  高齢者の生活を支えていくために必要な4つのサービス
- **9-3** 高齢者サービスの実態 …………………………………… 184
  介護保険サービスだけでは解決できないさまざまな問題がある
- **9-4** 高齢者の住まい …………………………………………… 186
  高齢者向けの賃貸住宅建設が盛んになっている
- **9-5** サービス付き高齢者向け住宅 ………………………… 188
  サービス付き高齢者向け住宅がスタートする
- **9-6** サービス付き高齢者向け住宅での生活 ……………… 190
  高齢者がサービス付き高齢者向け住宅で生活する3つのメリット
- **9-7** サービス付き高齢者向け住宅で働く人 ……………… 192
  提供するサービスによって求められる資格は異なる
- **9-8** サービス付き高齢者向け住宅で働く人に必要なこと …… 194
  知識やスキルも、働いてから身につく
- **9-9** サービス付き高齢者住宅でのやりがい ……………… 196
  いままでできなかったことを実現してあげられる
- **9-10** これからの高齢者の住まい …………………………… 198
  サービス付き高齢者住宅で働く人材の需要はますます高まる
- **COLUMN** 介護・福祉の仕事への思い⑨ ………………………… 200

第10章 地域の介護力を育てる

- **10-1** 介護は身近な問題 ………………………………………… 202
  自分にできる範囲で介護に携わることで、地域の介護力が高まる

| 10-2 | 地域で支え合うことの意味 …………………………………… 204
何らかの支援が必要な人がたくさん生活している
| 10-3 | 民生委員 ………………………………………………………… 206
民生委員は地域の相談役であり、地域住民の活動の推進役
| 10-4 | 住民参加型住宅福祉サービス活動① ………………………… 208
住民ボランティアによる食事・介護サービス
| 10-5 | 住民参加型在宅福祉サービス活動② ………………………… 210
安定した「支え合い」のカギは、会員制とお金を介入させた仕組み
| 10-6 | 公益を目的としたNPO ……………………………………… 212
現在、4万を超えるNPO法人が幅広い分野で活動をしている
| 10-7 | 地域住民が開催する「ふれあい・いきいきサロン」……… 214
創意工夫によるサロン活動は、介護予防・認知症予防の切り札
| 10-8 | 地域住民による見守り活動 …………………………………… 216
孤独死予防のためにも、日常的な見守りや声かけが重要となる
| 10-9 | 要介護高齢者を応援しよう① ………………………………… 218
誰もがなれる認知症サポーターは、認知症の人や家族の強い味方
| 10-10 | 要介護高齢者を応援しよう② ……………………………… 220
要介護高齢者を積極的にサポートする地域住民が必要とされている

終章　介護の仕事における5つの魅力

おわりに

著者一覧

本文DTP◎一企画

序 章

....

介護に携わる人たち の資格

介護に携わる人たちの資格

▶介護の仕事で真っ先に思い浮かぶ「ヘルパー」と「介護士」

　介護の仕事として、真っ先に思い浮かぶのは**ヘルパー**ではないでしょうか。ヘルパーは、自宅で暮らしている高齢者のお世話をする仕事をしている人です。ヘルパーの仕事は「オムツ交換」「食事介助」「通院介助」などの**身体介護**や、「食事づくり」「買い物」「掃除」などの**生活援助**に分かれます。

　とくに、最近は独り暮らし高齢者や老夫婦世帯が増えていますので、在宅で介護を必要とする高齢者（**要介護者**）にとって、ヘルパーは重要な役割を果たしています。

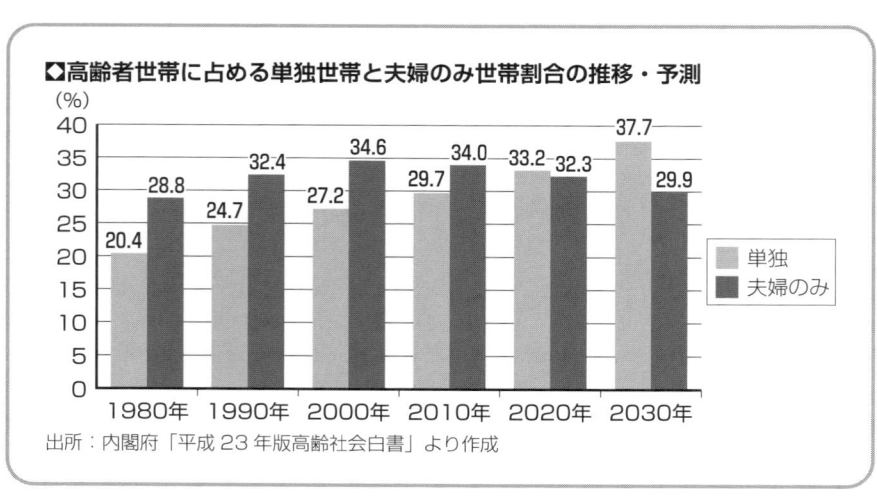

　一方、介護施設では**介護士**（介護福祉士＋ヘルパー）が働いていますが、同じように「オムツ交換」などの「身体介護」を行ないます。ただ、在宅と違い、施設で生活しているお年寄りを対象としていますので、多少、組

織的な業務をすることになります。

　そのため、介護士には決められたことをルーチン作業として行なう傾向があるのは否めません。最近では、施設でも個別性を重視して、1人ひとりの介護士にまかせる業務にはなっていますが、在宅に比べると業務内容が組織的といえます。

　なお、在宅と施設で「ヘルパー」と「介護士」を区別せず、単に介護士と統一的に呼ぶ場合もあります（本書では明確な区分けはしません）。

▶介護の仕事の登竜門「ヘルパー2級」

　介護の仕事に就く場合、資格が必要になります。いろいろな資格がありますが、まずは「ヘルパー2級資格講習会」に行ってみてはどうでしょうか。ヘルパー2級は在宅であれ、施設であれ、介護の仕事に従事するのであれば、取得すべき資格です。通常、2か月ぐらいの期間で、費用は10万円前後が相場になっています。たとえば、インターネットで「ヘルパー講習会」と検索すると、多くの会社でヘルパー2級資格講習会を催していることがわかると思います。ときどき、自治体などが助成金を出している場合もありますので、自治体のホームページなどを見て、調べてみましょう。

　現行制度では、ヘルパー2級をはじめとして、ヘルパーおよび介護士の資格は「ヘルパー1級→介護職員基礎研修修了者→介護福祉士」といったように、緩やかなキャリアパスになっています（ただし、ヘルパー2級資

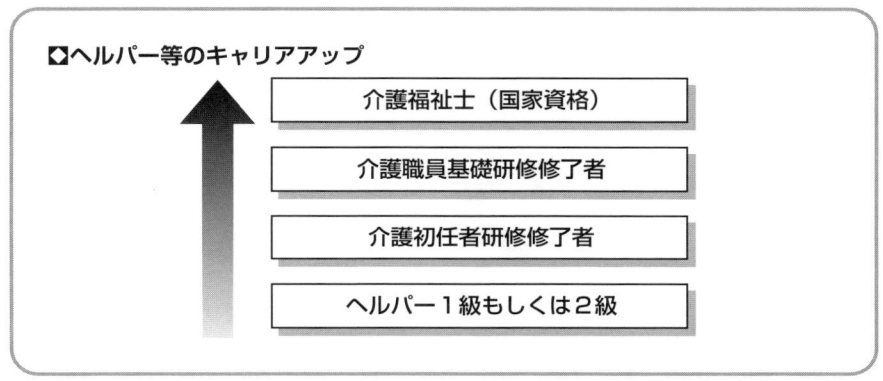

◪ヘルパー等のキャリアアップ
- 介護福祉士（国家資格）
- 介護職員基礎研修修了者
- 介護初任者研修修了者
- ヘルパー1級もしくは2級

格は、将来的に見直されることも検討されています)。

しかし、その定義づけや社会的評価は曖昧といえるでしょう。しかも、利用者や利用者の家族は、「介護士」の資格制度をよく知りません。すべて同じ職種だと理解している人も多いようです。在宅の介護現場では、アルバイトのようなスタイルで、ヘルパー2級資格のみで働き続ける人が多いのが実態です。

▶ヘルパーや介護士の国家資格「介護福祉士」

ヘルパーや介護士の資格に**介護福祉士**があります。これは国家資格で、ヘルパー2級などの資格よりも上級になります。

介護関係の専門学校や短大を卒業する、もしくは、ヘルパー2級資格を取得して介護の仕事に3年以上勤務し、規定の講習を受ければ、介護福祉士国家試験の受験資格が得られます。

以前は、3年以上の実務経験があれば受験資格を得られたのですが、平

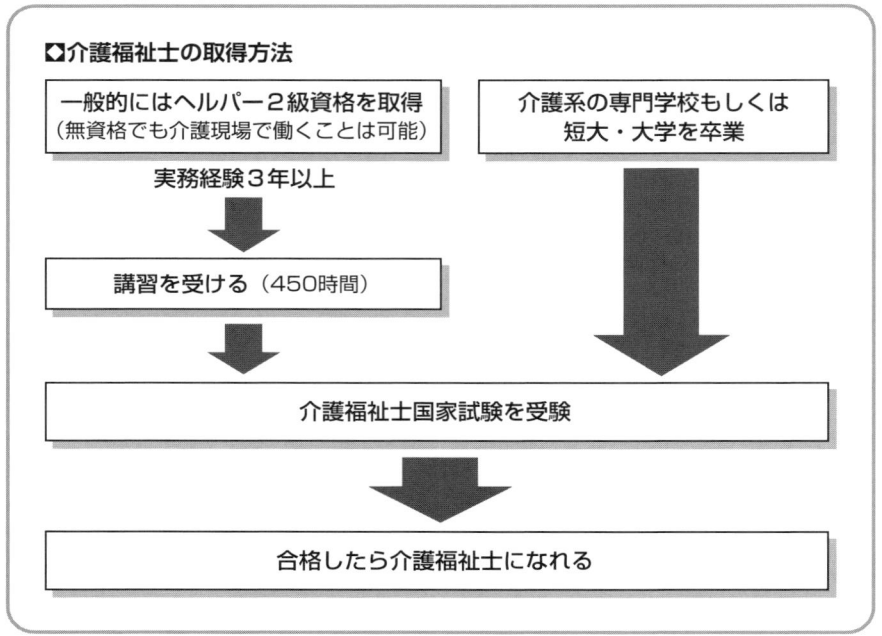

成24年度から、介護の仕事に就く人は、実務経験後に講習を受けなければ受験資格を得られません。また、かつては介護関係の専門学校や短大を卒業すれば同時に資格が得られたのですが、平成24年度の入学生からは、国家試験を受験して合格しないと資格が得られなくなりました。

つまり、**学校を卒業するにしろ、実務経験を有していても、最終的には受験して国家試験に合格しないと、介護福祉士にはなれません。**

なお、法律上は介護現場でヘルパー2級資格を取得していなくとも、働くことは可能です。施設などが無資格者でも雇用してくれれば問題ありません。そして、3年以上の実務経験があれば、一定の講習後には介護福祉士の受験資格を得ることができるのです。

●2012年4月から介護士に「医療行為」という業務が増える

少しむずかしいかもしれませんが、「資格」の意味について説明します。あくまでもヘルパーや介護士の仕事は「名称独占」としての位置づけが強く、「業務独占」としての資格ではありません。つまり、**資格を有していなくとも介護業務に就けるというのが名称独占的な資格なのです。**

しかし、同じく介護の仕事に携わっている「看護師」「理学療法士」「作業療法士」という人たちは、これらの資格を有していなければ該当する業務をすることはできません。これを「業務独占」的な資格といいます。

ただし、2012年4月から、一定の研修を受けた介護士やヘルパーは、看護師が行なっていた**医療行為**の一部をできるようになりました。

「医療行為」というむずかしい言葉が出てきて、わかりにくいかもしれませんが、簡単にいうと、**医師の指示にもとづいて、医療機器などを用いて医学的なケアをすることです。**たとえば、「注射」「採血」「じょく瘡（床ずれ）の処理」などが挙げられます。本来、介護士は、このような医療に関するケアはできませんでしたが、**一部だけ条件付きで可能となったのです。**

高齢者が自分で「たん」を吐き出せず、苦しんでいる場面をよく見かけます。その場合、口の中の「たん」を医療機器で吸引します。これらのことについて、介護士やヘルパーでも、一定の研修を受ければできるように

なったのです。ただし、介護士らは医療職ではないので、基本的に医療行為はできません。

●高齢者にもっとも身近なヘルパーは主役！

いずれにしても、ヘルパーや介護士は、介護現場での主役といってもいいかもしれません。どの職種よりも高齢者と接する機会が多く、高齢者に身近な存在です。いわば生活を支える重要な役割を果たしているのです。超高齢化社会に突入している現状においては、今後もますます必要とされる職種です。

●介護保険サービスを利用するまでの手続きは？

介護保険サービスには、大きく「在宅サービス」と「施設サービス」があります。まずは、在宅介護保険サービスの使い方から説明しましょう。基本的に、介護サービスとは**介護保険サービス**を意味します。しかし、各自治体が実施している**老人福祉制度**による福祉サービスや、まったくの自費で頼む家政婦による介護サービスもあります。また、ボランティアなどによる見守り的な介護サービスもありますが、本書では介護保険サービスを中心に説明します。

介護保険サービスを利用しようとすれば、まず、家族や本人が役所に「要介護認定調査」の申込みを行なわなければなりません。そして、役所から「要介護認定調査員」が自宅に訪問し、聞きとり等の調査を行ない書類にまとめます。**要介護認定調査員の仕事に就くためには、自治体の公務員になるか、後述するケアマネジャー資格を有していなければなりません**。そして、サービスを利用したい高齢者が普段から通院している病院の医師に、**役所が意見書を求めます**（この場合、高齢者は何もしません）。

最後に、「要介護認定調査員」が作成した書類と、通院している病院の医師の意見書を参考に、役所に設置されている「介護保険認定調査会」で、「要支援者」もしくは「要介護者」と判定されると、介護保険サービスを利用できるのです。しかし、「非該当」と判定されると、介護保険サービスは利用できません。

要支援者もしくは要介護者と認定を受けた人は、2009年3月末で約453万人となっています。しかし、実際、サービスを使っている人は、約364万人で、そのうち1年間継続して介護保険サービスを利用している人は約260万人と、さらに少なくなっています。なお、要介護認定者のうち「要支援1・2」および「要介護1」といった軽度者が約43％となっています。

▶介護保険サービスを扱う「ケアマネジャー」

　在宅介護保険サービスを利用するには、まず、ケアマネジャーを選ばなければなりません。ケアマネジャーは、文字どおり「マネジャー」であり、介護保険サービスの使い方や「おカネ」の計算、サービス情報やその組み立て方など、介護保険サービスを利用する際に、多面的に高齢者を支援していきます。

　一方、介護施設にもケアマネジャーが配置され、同じく入居者の生活支援やケア計画などを立てていきます。ただ、**介護施設では生活相談員といったソーシャル・ワーク的な仕事をする職員もいます**。ケアマネジャーと生活相談員は密接に連携して仕事をしているのです。

　ケアマネジャーの資格は、介護現場で5年以上働くと受験資格が得られます。長い間、介護現場に働いていないと資格が得られないのです。しかも、資格を取っても5年ごとに更新制となっており、規定の講習を受けなければ、ケアマネジャーの仕事を続けることができません。

　ケアマネジャーは「**介護支援専門員**」ともいいますが、**この資格は国家資格ではありません**。ただし、介護福祉士と違ってケアマネジャー資格を有していないと業務には就けないので「業務独占」的な資格といえます。なお、**ケアマネジャーの業務を5年以上経験した者で、一定の研修を受けると**「**主任ケアマネジャー**」**といった資格が得られます**。地域包括支援センターや特定事業者（質の高い介護事業所）などは、介護報酬の関係で必ず主任ケアマネジャーを配置しなければなりません。

▶福祉系職種の国家資格「社会福祉士」

　介護施設などでは、ソーシャル・ワーカーという、高齢者の生活を支援

する職種が見受けられます。ケアマネジャーとともに高齢者の支援をする職種ですが、入所の面接や金銭的な事務など、より生活に密着した業務を行ない、生活相談員といわれています。介護施設のほかでは、病院などにおける医療ソーシャル・ワーカーという仕事もあります。

　一方、**在宅分野では、高齢者の総合相談窓口である「地域包括支援センター」という機関で、社会福祉士として規定された職種があります。**そのほかには、デイサービスといった日帰り用の通所型施設でも生活相談員が配置されています。

　これらの職種に就く人は、社会福祉士国家資格を有していることが多いようです。**社会福祉士という資格は、4年生大学の福祉学科を卒業すると受験資格が得られるほか、通信教育などでも受験資格は得られます。**ただし、いずれにしても国家試験に合格しないと資格を有することができません。

▶生活相談員に必要な「社会福祉主事任用資格」

　社会福祉士資格も名称独占的な資格なので、この資格を有していなければソーシャル・ワーカーの仕事に就けないわけではありません。ただし、**生活相談員は「社会福祉主事任用資格」という資格を最低限もっています。この資格は、4年制大学で決まった科目を履修すれば取得できる、ハードルが低い資格であり、教育学部や心理系の学部を卒業していれば自動的に取得できます。**そのほか、一定の講習を受けても取得できます。ただし、簡単に誰でも取得できるので、福祉専門職としての側面は薄いものといえるかもしれません。

▶医療系職種の人たち

　介護の現場でも、医療系の職種の人たちがたくさん働いています。医療系の資格は、医師をはじめとして基本的には国家資格なので、専門学校や短大、大学を卒業して国家試験に合格しないと資格が得られません。とくに、医師や薬剤師は、大学院を卒業していないと国家試験の受験資格を得

ることができないことになっています。

その意味では、現場経験といった職歴は資格の取得には関係せず、しっかりと規定の学校に行かなければならないのです。本書では、医師（歯科医師を含む）と薬剤師以外の介護・福祉にかかわる職業を説明します。

▶看護師

介護現場では、高齢者の健康管理や医療行為（たんの吸引、注射、薬の管理など）を行なうこともあります。とくに、**介護現場では、老人保健施設や介護療養病床を除いて医師が常駐しませんので、唯一の医療系職種として重要な役割を果たしています。在宅では「訪問看護師」として、医療行為ならびに心身の状態を確認しています**。昨今は、介護現場でも終末期医療に対応して、末期がんの方などを看取るケースが多くなっていますので、看護師を中心としたケアチームが編成されることが増えています。

最低３年間の専門学校や短大を卒業していないと、看護師になる受験資格を得られません。最近では、４年制大学の看護学部が増えています。ただし、２年間の学校を卒業して受験資格が得られる**准看護師**という資格もあります。この資格を有している人も介護現場にいるのですが、現状では少なくなっています。なお、**保健師**という高齢者の健康管理を担っている職種もあります。保健師は看護師でもあるため、介護現場では重要な役割を担っています。

▶理学療法士と作業療法士

介護現場では、「リハビリテーション」という、歩行訓練や麻痺した身体のトレーニングなどを行なう施設があります（老人保健施設やデイケア）。このような現場で働いている専門職が、**理学療法士（PT）**と**作業療法士（OT）**と呼ばれる職種です。

理学療法士は、高齢者や障害児者等の運動機能に障害をもった人を対象に、失った機能をできるだけ回復していけるよう支援していく職種です。一方、作業療法士は対象が同じですが、日常生活における作業活動を通して、訓練や援助をしていく職種です。

ともにリハビリテーション現場の中枢を担う職種で、3年以上の専門学校や短大を卒業しないと受験資格は得られません。最近では、看護師と同じように4年制大学も増えています。

▶栄養士

栄養士とは、栄養士の名称を用いて栄養の指導に従事する職種です。高齢者には糖尿病などの慢性的な疾患を患っている人もおり、食事管理というようなカロリー計算も必要となります。栄養士はいわば、特定多数の人に対して継続的に食事を提供する施設で、栄養状態や特別の配慮を必要とする給食管理・栄養改善の指導を行なう職種です。しかも、介護施設などでは、必ず配置しなければならないという規定があります。なお、栄養士は国家試験ではなく、短大を卒業すれば資格を得ることができます。

ただし、上級資格として**管理栄養士**という厚生労働大臣の免許を受けた国家資格があります。4年制の栄養学部などの大学を卒業して国家試験に合格すれば管理栄養士になることができます（もしくは、栄養士になって現場経験を重ねる）。とくに、介護保険施設では、事業所の収入（**介護報酬**）面でも、管理栄養士が配置されていると収入が加算される仕組みとなっています。

▶歯科衛生士

高齢者は寝たきりの場合が多く、歯磨きなどを自分でできないために口腔（口の中）衛生に問題が生じ、肺炎などの原因になっています。ヘルパーや介護士らが歯磨きのケアをしますが、歯ブラシの正しい使い方や歯磨きの方法といった指導が必要となります。このようなニーズに対応するのが**歯科衛生士**です。読者のみなさんは、歯科医院で歯科衛生士を見かけると思いますが、介護現場でも重要な役割を果たしています。

なお、歯科衛生士は国家資格であり、歯科衛生士学校を卒業して国家試験に合格すれば資格を得ることができます。多くの人は歯科医院に就職しますが、自治体の保健センターなどでも勤務しています。いずれにしても、在宅や施設で暮らす高齢者やその支援者を対象に仕事をしています。

▶住宅や福祉用具関連の職種

　在宅の住環境は、必ずしも要介護者にふさわしいものにはなっていません。段差があったり、玄関先に階段があったりと、一定程度改修する必要があります（もしくは高齢者用に住宅を建てる）。このような住宅に関して調整する職種が**1級・2級建築士**もしくは**福祉住環境コーディネーター**です。本書では、福祉住環境コーディネーターという資格について説明します。

　福祉住環境コーディネーターは、1級、2級、3級とレベル分けされており、検定試験制になっています。受験資格はとくにありませんので、学生から主婦に至るまで誰でも受験できます。つまり、独学で勉強して受験に臨むというシステムです。ただし、受験者のほとんどが、福祉関係、医療関係、建築関係に携わっている人で、なんらかの有資格者が多いようです。おもな仕事は、ケアマネジャーなども担っている、介護保険制度の住宅改修費支給の申請に関する理由書の作成業務です。段差の改修には20万円を上限に介護保険から工事費の助成金が給付されます（20万円の工事なら18万円：1割は自己負担）。そのため、住宅改修業者に勤務する人も多いようです。

　一方、介護保険制度では福祉用具や介護用具をレンタルすることができます。その際に、「車いす」の選び方や使い方について専門的なアドバイスをするのが**福祉専門相談員**です。その他にも「トイレ用手すり」「排せつのための用具」「介護ベッド」などの用具もあります。この資格は無試験で、短期間の講習のみで取得できます。

▶民生委員などのボランティアの人たち

　介護施設では、多くのボランティアが活動しており、また、地域でも一人暮らし高齢者宅を訪ねたりと、日常生活の見守り活動の大きな力となっています。ボランティアは、自治会や老人クラブ、市民サークルなどの団体がベースになって活動している場合があります。

なお、**民生委員**という、厚生労働大臣から委嘱され住民の相談に応じ、必要な援助を行なう無報酬の職種があります。在宅介護現場では独り暮らしの高齢者も多く、日常生活の見守りなど重要な役割を果たしています。

▶自治体職員

市役所では、生活保護受給者を担当する職種を**ケースワーカー**といいます。要介護高齢者の中には生活保護受給者も多く、在宅および施設においても重要な位置を占めます。また、市役所には**老人福祉主事**といった専門職がおり、虐待対応の仕事をしています。役所にも介護に携わる人たちはたくさんいるのです。

▶成年後見人と市民後見人

高齢者には認知症高齢者が多く、とくに、家族などがいない一人暮らしの場合、金銭管理や意思決定などに問題が生じます。そのため、**後見人**をつけて高齢者の意思決定を代わりに行ないます。後見人は、司法書士、弁護士、社会福祉士などの専門職です。ただし、2012年の4月からは、一般市民でも一定の研修を受ければ「後見人」になることができるようになりました。いずれにしても、これらの仕事に就くには、家庭裁判所からの選任が必要です。

▶忘れてはいけない「事務職」

介護現場で忘れてはいけないのが、事務職の人たちです。人事や備品関係など一般の事務仕事をしていますが、介護に携わる職種を支えています。介護施設では、介護報酬という事業所の収入につながる事務作業も担っている場合もあります。この介護報酬の事務作業は、毎月、1回行なわなければならず、かなり複雑な業務内容です。事務系職種は目立ちませんが、重要な仕事といえるでしょう。

本書で触れていない職種がまだありますが、介護現場では、多くの人たちが協力し合って成り立っています。いわばチーム体制で高齢者のケアを

していくことが重要であり、具体的には「サービス担当者会議」「地域ケア会議」「施設内カンファレンス」といった会議を通して、それぞれの職種が責任を果たしています。読者のみなさんも介護に携わりたいと考えたならば、その業務内容や役割を確認して、自分に合った職種を考えていくべきでしょう。

　そのため本書は、第1～第3章にかけて施設における仕事を「介護保険にもとづいているか、いないか」という視点で分類して説明します。続いて、第4～第6章にかけて、在宅における仕事をサービスごとに分類して解説します。そして、第7章～第10章にかけて、上記以外の切口で福祉に関する仕事を紹介します。

　本書を通じて、なかなか理解しにくいといわれている介護・福祉の仕事を理解していただければ幸いです。

第 1 章

相談業務を中心とした
介護・医療系施設の仕事

高齢者の療養と生活を支える空間

1-1 施設における相談業務の現状

適切な情報開示とリスク回避への助言で、利用者の代弁者となる

相談業務の本質　相談業務というのは、利用者や家族の方の悩みや疑問を聞き、その解決に向けて、相談を通じて援助することを指します。

「相談を通じて」といっても、相談の内容が大変重要になります。

相談とは、ただ解決方法を提示すればよいのではなく、相談者である利用者等が自分で解決できるように、情報の提供や助言ができるかがポイントとなります。ここで大切なのは、自己決定の支援なのです。

在宅生活と異なる環境　とくに、施設や医療機関では、在宅での生活と違い、施設利用者はこれまでの生活と引き離され、今までとは明らかに異なる生活を余儀なくされます。さらに、血縁も地縁もない見知らぬ人たちと共同生活をしなければなりません。

共同生活によって、施設利用者に大きなストレスがかかり、それが原因で、在宅生活では起こり得なかった問題が発生します。たとえば、利用者同士の人間関係でのトラブルや、病室や居室という慣れない生活環境への不適合、共同生活が引き起こすプライバシーの問題があります。入所前に個々が抱えている問題に加えて、これらが新しい問題として発生します。

また、施設や病院等の種類によって対応する相談の内容は異なり、解決に向けたプロセスや手法も多種多様です。終末までの生活を送る施設もあれば、在宅復帰をめざす施設もあります。病院に関しても同様で、入院期間が一定に制限された病院もあれば、長期の療養を目的とした病院もあります。

この状況のなか、相談業務は利用者等の声を聞く第一線の仕事です。利用者の抱える不満や苦悩に対して注意深く観察し、必要に応じて施設側の窓口となり、受け止めて対処しなければなりません。また、利用者が新しい環境に馴染んでいくための媒介としても機能しなければなりません。

◆なぜ、施設や医療機関に相談援助職が必要なのか

近年の高齢者施設や医療機関の状況
- 複雑な機能分化で、施設の選択がわかりにくくなった
- 身体拘束の廃止や、虐待対応による対応拠点としての役割
- 多様な疾患や症状を持つ利用者の受け入れによる、医療ニーズの拡大
- 成年後見制度など関連法の整備と拡大

施設等の生活で起きるさまざまな問題
- 知らない人との共同生活
- 今までと異なる生活リズム
- 不慣れな環境と拡大

- 施設入所の相談と援助
- 生活不安の解消支援
- 施設環境適応の援助
- 利用者の代弁役
- 外部機関に対する窓口
- 施設のリスクマネジメント

上記に対応する職種として相談援助職が配置されている

1-2 相談業務を担う職種と配置している施設の役割

相談業務は、施設の機能ごとに相談内容が変わる

介護保険施設 指定介護老人福祉施設は、特別養護老人ホームが介護保険の指定事業所となったもので、入浴や排せつ、食事などの介護サービスを提供し、さらに終末期ケアなど、利用者の生活を継続的に支援する役割を担っています。**生活相談員と介護支援専門員が相談業務を行ないます。**

介護老人保健施設は「中間施設」ともいわれ、在宅復帰を目的に要介護者に対して、医療・看護・介護・リハビリのサービスを提供しており、支援相談員と介護支援専門員が相談業務を行ないます。

指定介護療養型医療施設は、介護保険施設のなかで、医療的管理を必要とする要介護者を対象にしており、療養上の管理や看護、医学的管理にもとづいた介護・リハビリ等を実施します。相談業務は介護支援専門員が行ないます。

その他の介護・福祉施設 軽費老人ホームや有料老人ホーム等の施設入居者に対して、介護保険事業所の指定を受けて介護サービスを提供する特定施設入居者生活介護があります。そこでは、生活相談員と介護支援専門員が相談業務を行ないます。

相談業務を行なう生活相談員が配置される施設としては、高齢者福祉制度下における**養護老人ホーム**や**軽費老人ホーム**等があります。利用者は身体的には自立または軽度の介護状態ですが、環境上の問題などで「在宅生活が困難となった高齢者が利用する施設」として位置づけられています。

医療機関 医療機関で相談業務を担当するのはMedical Social Worker（**MSW**）とPsychiatric Social Worker（**PSW**）の2つに大きく分類されます。MSWを**医療ソーシャルワーカー**、PSWを**精神科ソーシャルワーカー**といいます。社会的入院が増加するなかで、療養が終了しても疾病以外の理由で退院できない患者への支援が必要になってきました。その支援に対応するため、ソーシャルワーカーが配置されているのです。

◘相談業務を担う職種と施設における相談支援職の名称

高齢者施設

介護保険施設

指定介護老人福祉施設
- 生活相談員
- 介護支援専門員

介護老人保健施設
- 支援相談員
- 介護支援専門員

指定介護療養型医療施設
- 介護支援専門員

老人福祉施設

養護老人ホーム
- 生活相談員

軽費老人ホーム
- 生活相談員

※介護保険事業所の指定を受けた施設には、介護支援専門員が配置される

医療機関

病院や診療所

精神科医療機関
- 精神科ソーシャルワーカー
 (略：PSW)

一般医療機関
- 医療ソーシャルワーカー
 (略：MSW)

●介護保険施設及び高齢者施設の設置状況

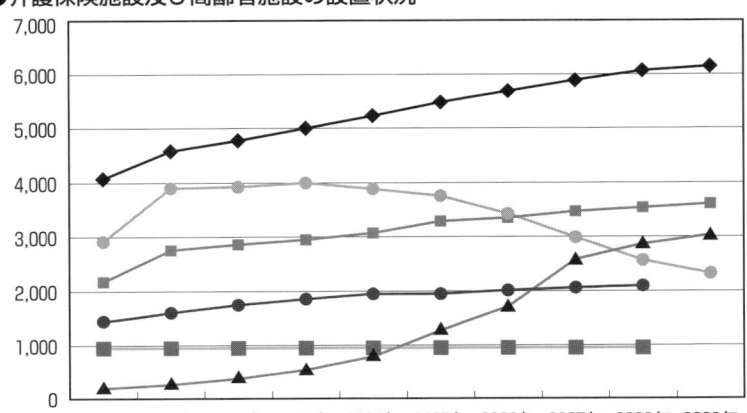

出所：厚生労働省「厚生労働白書」より作成

第1章 相談業務を中心とした介護・医療系施設の仕事

1-3 施設の相談業務に従事するための資格

> 施設等で相談業務を行なうためには、一定の資格が必要

社会福祉士 ソーシャルワークの専門職として位置づけられた国家資格です。現在は、多くの介護保険施設や病院の相談業務に携わる人が取得しており、国家資格を有する相談援助職として活躍しています。

介護保険施設では、生活相談員や支援相談員として配置されており、日常生活上の相談や家庭復帰や社会復帰に向けた相談援助を展開しています。また、病院ではMSWとして、入院から退院までの相談に応じる業務にあたっています。

精神保健福祉士 精神保健福祉分野を専門とするソーシャルワークの専門職として位置づけられた国家資格です。現在は診療報酬による位置づけもあり、多くの精神科医療機関でPSWとして配置されています。また、その他の精神疾患患者や精神障害者の支援機関でも配置されるようになっています。

介護支援専門員 介護保険制度内のみで適用される資格です。要介護や要支援の認定を受けた利用者に対してケアマネジメントの手法を駆使して支援を行ないます。あくまで介護保険制度に限定されているので、介護保険制度以外の、高齢者の福祉施設や事業所では勤務できません。

ただし、介護保険施設では必置義務があり、施設の介護支援専門員はケアサービスのマネジメント役として配置されています。介護支援専門員は利用者や家族に対応して、相談員とは異なった視点や立場から相談援助業務に従事しています。

社会福祉主事 相談業務を行なうにあたり最低の基準としての資格が社会福祉主事であり、任用資格です。上記の3つの職種に比べ、もっとも早く定められた資格であり、介護保険施設の相談業務にかかわる職種には、原則として社会福祉主事以上の資格が求められています。

◘相談業務を行なう職種に求められる資格

| 生活相談員 / 支援相談員 / 医療ソーシャルワーカー(MSW) | 精神科ソーシャルワーカー(PSW) | 介護支援専門員(ケアマネジャー) |

- 社会福祉士
- 社会福祉主事
- 精神保健福祉士
- 介護支援専門員

※1　社会福祉士と精神保健福祉士は名称独占の国家資格
※2　介護支援専門員は介護保険制度内のみに限定された資格

◘社会福祉士・精神保健福祉士・介護支援専門員の登録者数（人）

	H12	H13	H14	H15	H16	H17	H18	H19	H20	H21	H22
社会福祉士	24,189	30,174	38,405	48,736	59,222	71,326	83,425	95,590	109,233	129,050	138,694
精神保健福祉士	6,655	9,332	12,666	18,321	21,911	25,950	30,326	34,768	39,131	46,002	49,545
介護支援専門員	43,854	76,414	105,922	140,556	178,337	213,150	242,541	274,299	303,291	336,410	365,113

※1　社会福祉士および精神保健福祉士の人数は、財団法人社会福祉振興・試験センターの「登録者の状況」より作成
※2　介護支援専門員の人数は、厚生労働省の「第13回介護支援専門員実務研修受講試験の実施状況について」より作成

1-4 福祉施設で利用者の生活を支える生活相談員①（指定介護老人福祉施設）

指定介護老人福祉施設で相談業務にあたる生活相談員の仕事とは

入所相談　指定介護老人福祉施設（特別養護老人ホーム）では、利用者と施設との契約にもとづいてサービスが提供されます。そのため、生活相談員は利用者の入所前から、入所手続が円滑に進むように支援します。

入所は申し込み順ではなく、緊急性の高さや施設介護の必要性で判断されます。生活相談員は主治医の診療情報や、それまで居宅介護支援を担当していた介護支援専門員の意見書など、施設で適正な入所順を判断できるための情報収集も大切な業務といえます。

入所の際には、利用者に対して必要事項を説明するとともに、施設と利用者とのつなぎ役となることで、新しい施設での生活に対する不安や戸惑いを解消できるように、利用者に対して相談業務を行なっていきます。

日常生活相談　入所した利用者のなかには、初めての共同生活となる高齢者も多く、混乱や不安から生じる日常生活でのトラブルもたくさんあります。生活相談員は住み慣れた自宅を離れて生活する利用者の相談相手として、精神的な支えとなるのも大切な業務です。

最後の時間を過ごす施設での生活が、不安や戸惑いのなかでの生活にならないように、生活相談員には広い視野での観察力と、専門性をもった利用者とのコミュニケーション技術が求められます。

関係機関との調整　高齢の利用者は、多くの疾患を抱えています。生活相談員は医療機関と連携をとり、利用者が安心して医療を受けられるように、ほかの専門職と協力して援助していきます。利用者が入院した場合は、退院後の支援を準備していきます。

ほかにも、利用者家族との連絡調整や、自治体などでの手続きの支援、後見人等の外部機関との中継役としての役割があります。また、利用者に在宅生活の可能性があれば、家族や各サービス機関と連携して在宅復帰を支援することも重要な業務です。

◧**高齢者施設全般に共通する生活相談員のおもな業務**

入所にあたってのおもな業務

- 入所希望者に対する相談の受付と対応
- 施設の概要説明
- 入所手続きの支援
- 円滑な入所への支援　　など

入所中の生活支援のおもな業務

- 入所者の施設生活に関する相談の受付と対応
- 他の入所者との人間関係の調整
- 施設生活に対する不安や不満の対応
- 入所者にかかわる医療機関等との連携
- 日常生活で必要な行政機関などでの諸手続きの援助
- 地域住民やボランティアの窓口
- 家族との連絡調整　　など

　施設で暮らす高齢者には、自立している人から、介護が必要な人までいます。
　利用者のなかには、自宅での生活を希望しながら、環境的な問題で仕方なく入所された人もおり、さまざまな葛藤のなかで施設生活を過ごしています。
　生活相談員は、相談を通じて、それぞれの利用者の悩みや思いを知り、意思を理解して支援を行ないます。
　また、その思いを周囲にわかりやすく伝えることで、安心な生活環境を整えていくことも大切な仕事です。

1-5 福祉施設で利用者の生活を支える生活相談員② (その他の高齢者施設)

> 生活相談員は介護老人福祉施設以外の施設にも勤務している

養護老人ホームの生活相談員　養護老人ホームは介護老人福祉施設と異なり、**利用者と施設との契約ではなく、措置制度にもとづいて入所が決定**されます。そのため、入所希望の相談があった場合には、生活相談員は自治体への入所申し込みについての手続き支援を行ないます。また、入所決定時についても、施設と自治体との窓口として、入所の手続きが円満に進むように援助しなければなりません。

養護老人ホームの入所基準は、「入院加療を要する病態」でなく、「置かれている環境のもとでは在宅での生活が困難であると認められる場合」となっています。つまり、身体的・精神的に介護を必要とすることが条件でないために、自立した高齢者が多く入所されます。

また、養護老人ホームは、外部サービス型特定施設入居者生活介護の指定を受けて、介護サービスの利用も可能になったことから、要介護状態になっても生活が可能となり、多様な状態の利用者が共同生活をしています。

養護老人ホームの生活相談員は、多様な生活支援のニーズに対応するために、福祉専門職としての説明役、または利用者の代弁役として相談業務を行ない、利用者が安心できる生活を過ごせるように支えていきます。

軽費老人ホームの生活相談員　軽費老人ホームは、身辺のことが自立した高齢者が生活する施設です。しかし、加齢や疾患の発症にともなう身体機能や精神機能の低下により要介護状態となる利用者も増え、施設生活の継続に対する不安に対応しなければならない場面も出てきます。比較的に自立している利用者が周囲に多いだけに、要介護状態の利用者の不安は他の施設より大きくなりがちです。

生活相談員はそのような不安に対して、関係機関と協議し施設生活での支援や、介護老人福祉施設等への入所の支援を行ないます。

◨施設種別による入所形態と生活相談員の業務

指定介護老人福祉施設

入所方法
- 利用者と施設との契約
- 入所検討委員会で決定

利用対象
- 要介護1以上の要介護状態区分認定を受けた介護保険の被保険者

入所検討委員会
- 入所にあたっての優先順位の決定および上位者の入所決定を行なう
- メンバーは施設職員のほか、第三者委員も含まれて組織される
- 優先度は、緊急性や介護状態のレベルによって判断される

施設での介護サービス
- 施設サービス計画にもとづいて、施設職員によって提供する

生活相談員の業務
- 入所前での入所調査の実施や関係者からの情報収集
- 入所検討委員会のメンバーとして入所の決定への参画
- 終末期ケアの相談援助

配置基準
- 入所者の数が100またはその端数を増すごとに1名以上

養護老人ホーム

入所方法
- 住所を有する市町村への利用申請
- 行政機関による措置決定

利用対象
- 原則65歳以上の低所得世帯

入所措置基準
- 心身機能の低下の理由で居宅での生活が困難
- 住宅に困窮しているなどの理由により居宅での生活が困難

施設での介護サービス
- 外部特定施設入居者生活介護により施設と契約した介護保険の居宅サービス事業所が、作成された特定施設サービス計画にもとづいて提供する

生活相談員の業務
- 措置申請の手続き支援
- 外部の居宅サービス事業者との情報交換と連携
- 苦情や事故発生時の対応と記録整備
- 施設変更時の情報提供と手続き支援

配置基準
- 入所者の数が30またはその端数を増すごとに1名以上

軽費老人ホーム

入所方法
- 利用者と施設との契約

利用対象
- 60歳以上

入所基準
- 身体機能の低下等により「自立した日常生活を営むことについて不安がある」と認められ、家族の援助を受ける事が困難

施設での介護サービス
- 食事や入浴の提供、生活相談は施設職員が提供
- 介護サービス（生活援助や身体介護）については、外部の居宅介護支援事業所が作成した居宅サービス計画にもとづいて、外部事業所が提供

生活相談員の業務
- 居宅介護支援事業所や外部サービス事業所との連携
- 苦情や事故発生時の対応と記録整備
- 施設変更時の情報提供と手続き支援

配置基準
- 入所者の数が100またはその端数を増すごとに1名以上

※生活相談員の業務は、1-4で説明したもの以外

1-6 在宅復帰を支援する支援相談員

> 退所までではなく、利用者の退所後の在宅生活が安定するまでが業務

福祉施設と介護老人保健施設の違い　支援相談員が配置されている**介護老人保健施設**は、1－2で説明したように、医療・看護・介護・リハビリのサービスを提供しながら、在宅復帰をめざすための施設といわれています。「退院したい一方で在宅での生活に不安があり、在宅生活を行なうためにリハビリ等の医療的ケアが必要な人」が利用します。医療機関と在宅の中間に位置する施設ということです。

介護老人保険施設は、終の棲家としての機能を有する指定介護老人福祉施設やほかの福祉施設とは明らかにその役割も機能も異なっています。

中間施設の相談員　支援相談員は生活相談員同様に、入所前からの相談を受け付けていきます。ただし、生活相談員よりも在宅復帰の可能性という視点を強く求められます。利用者が施設に入所したその日から、在宅復帰に向けた支援が開始できるように準備していくのです。当然、利用者本人やその家族にもその趣旨を伝えていきます。

しかし、介護老人福祉施設待機者が全国的に40万人を超えているといわれる現状では、介護老人保健施設にも在宅復帰が困難な入所希望の相談が非常に多くなっています。

このような利用者に対しては、本人やその家族へ利用可能な福祉施設や住居型の事業所の情報を提供し、仲介などの援助を行なうことで、利用者が安心できる生活の場が得られるように援助していきます。

退所後のフォローアップ　支援相談員は、入所者が在宅復帰したあとも、在宅生活で支障が起きていないか訪問して相談に応じる場合もあります。もし、何らかの問題が発見された場合は、利用者を支援している介護支援専門員（ケアマネジャー）等と連携し、必要かつ有効な支援が確保できるよう援助していきます。

◆介護老人保健施設での支援相談員のおもな業務

介護老人保健施設
の目的

在宅復帰支援

支援相談員の具体的な業務

- 入所判定（継続要否判定）会議の資料作成と参加
- 入所前の訪問による本人や家族との面談および状況の把握
- 入所者に対する在宅復帰支援の相談対応と在宅復帰に向けた支援環境整備
- 定期的な在宅復帰への調査および確認
- 在宅復帰困難な入所者の入居施設等の移転先検討と、入居・入所へ向けた相談助言および支援
- 退所後の生活状況の把握と今後の支援の必要性の確認

支援相談員の役割

- 入所希望者の在宅復帰の可能性分析
- 入所者の在宅復帰に向けた家族や地域の環境整備
- 施設生活上の支援

在宅復帰に向けた環境づくりと、利用者の不安解消が、支援相談員の大切な業務

1-7 施設サービスの調整をする介護支援専門員

介護保険施設でケアプランの作成・実施についての相談業務を行なう

ケアプランと相談業務　介護保険施設の介護支援専門員の業務で、もっとも重要かつ主たる業務が施設サービス計画（施設ケアプラン）の作成です。介護支援専門員は、ケアプラン作成過程で施設のサービスについて相談を受ける業務を担います。利用者や家族の生活に対する意向を把握して、実現可能な解決すべき課題とのすり合わせを行なったり、ケアの実施過程で起きる事故や苦情に対応する場面でのリスクマネジメントなど、さまざまな場面で相談面接援助を実施します。

　介護支援専門員は、個々の利用者に対して施設での生活全般を支えるケア環境の整備を行ない、利用者のQOL（生活の質）実現に向けた援助計画としてケアプランの作成支援を行なう役割を担っています。

生活相談員と異なる相談業務　同じ施設で同じ相談業務に従事する1－6の支援相談員との違いは、基本的には、相談内容の相違にあります。支援相談員は、施設利用者が日常生活のなかで起きる不安やトラブルに対して相談業務を行ないます。利用者間や家族との人間関係等、生活のなかで予測できないトラブルが発生したときの受け皿となるのです。

　これに対して介護支援専門員は、施設ケアの調整役であり、総合的なケアの提供という視点で、計画作成と実施の過程で相談業務を行ないます。

　ただし、業務が異なっても、利用者の生活を支えるという観点で、介護支援専門員と生活相談員や支援相談員は協力して対応します。

地域の資源を施設に引き込む力　施設ケアプランは施設内のサービスだけでなく、家族の協力や周辺地域の社会資源を取り込みます。

　介護支援専門員は、家族への協力を仰いだり、地域へ働きかけをしますが、支援過程では思想の食い違いや意思疎通の不徹底によるトラブルが発生するときもあります。その場合に関係者からの相談に応じて、トラブルの解決と利用者への支援継続をめざすことも介護支援専門員の仕事です。

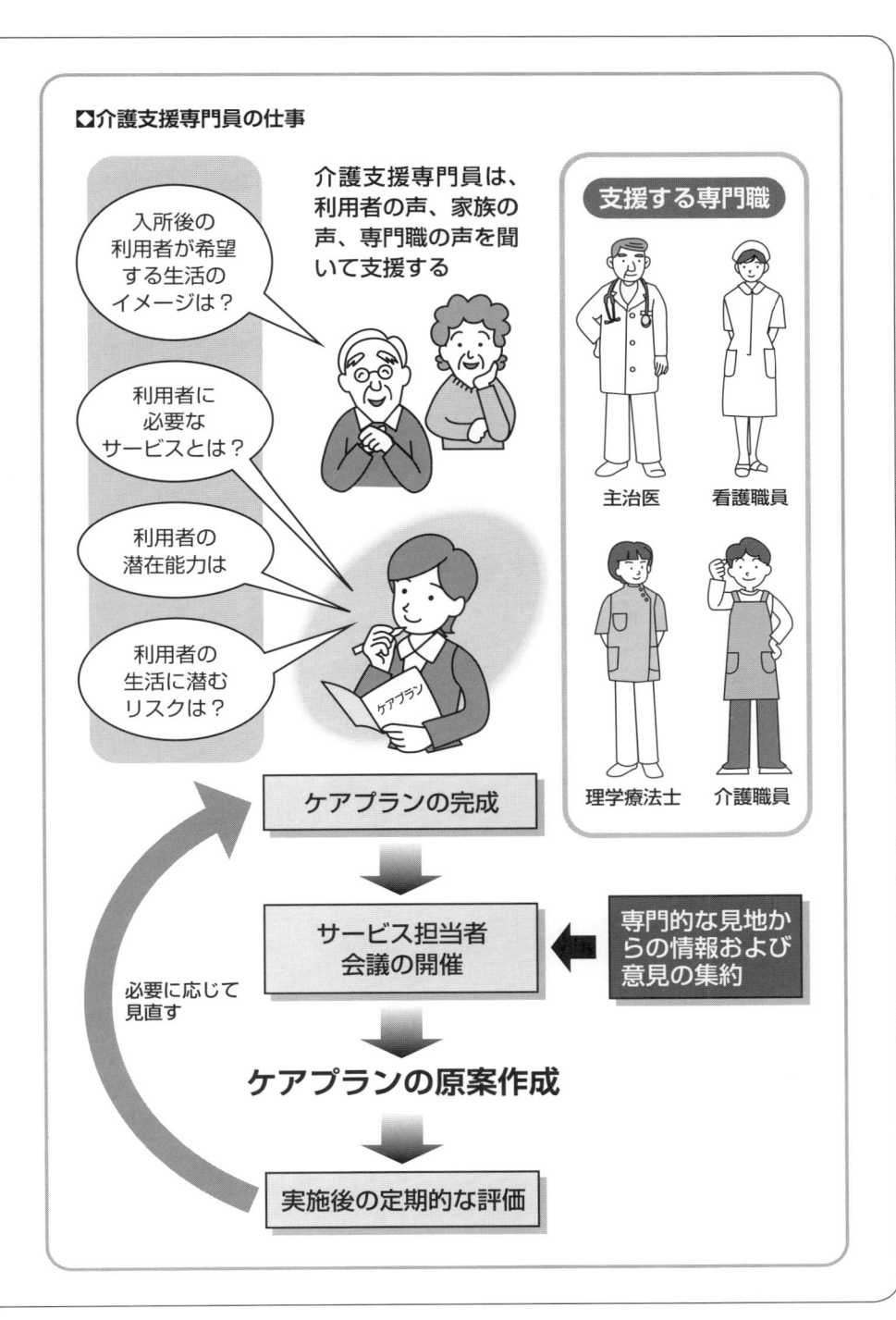

◆介護支援専門員の仕事

介護支援専門員は、利用者の声、家族の声、専門職の声を聞いて支援する

- 入所後の利用者が希望する生活のイメージは？
- 利用者に必要なサービスとは？
- 利用者の潜在能力は
- 利用者の生活に潜むリスクは？

支援する専門職

- 主治医
- 看護職員
- 理学療法士
- 介護職員

ケアプランの完成
↓
サービス担当者会議の開催 ← 専門的な見地からの情報および意見の集約
↓
ケアプランの原案作成
↓
実施後の定期的な評価

必要に応じて見直す

第1章 相談業務を中心とした介護・医療系施設の仕事

1-8 医療ソーシャルワーカー（MSW）

> 医療機関で働く相談援助の専門職として活動する

不安の受け皿 医療機関での相談はおもに入院患者に対してなされます。その役割を担うのが**ソーシャルワーカー**です。一般的には医療ソーシャルワーカー（MSW）という名称で、1名ないし数名が配置されています。

医療機関への入院は、あらかじめ十分な準備を整えてから入所する介護保険施設の入所と異なり、緊急のケースがほとんどです。そのため、入院する患者によっては、準備不足から治療費や仕事等の経済的な問題、身寄りがなく身元引受人が確保できない等の家族関係上での問題が発生することがあり、その解決を求めて相談されます。

また、急性期医療機関から回復期や慢性期医療機関への転院についても、転院先の医療機関と協力して患者を支援していきます。

MSWは、その患者の状況について相談を通じて把握し、その患者に適した制度や解決方法を提示して、諸問題の解決につなげていきます。

退院の準備に向けて 長期の治療や後遺症の残る疾患で入院した患者の場合は、退院後の生活に向けた支援が必要になります。MSWは、まず必要とされる支援について、患者やその家族との相談を繰り返し行ない、退院後の患者の不安を少しでも軽減できるように対応します。

とくに近年では、社会的入院（医学的には入院する必要がないのにもかかわらず、経済的・家庭的事情による長期入院）の問題もあり、入院時より入院期間を定められているため、退院が決まる前から相談を開始し、退院後に支援を行なう関係機関や施設と連携して退院支援を行なうようになっています。

退院後のフォロー MSWの仕事は退院したら終わりというのではなく、退院後の外来患者に対して、医療機関の相談窓口としての援助を行ないます。受診するうえでの不安や困りごとなどについて確認し、退院後の生活の様子を確認することで次の援助につながっていきます。

◆MSWの仕事
●退院患者平均在院日数の年次推移、年齢階級別

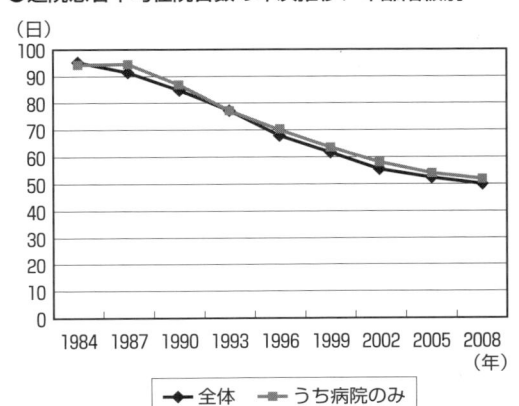

(日)
| 年 | 1984 | 1987 | 1990 | 1993 | 1996 | 1999 | 2002 | 2005 | 2008 |

◆全体　■うち病院のみ

出所:「厚生労働省平成20年患者調査」より作成

> 社会的入院の解消を図る中で患者さんの平均在院日数は、この20年間で**約30日**短縮している。
> MSWの入院当初からの早期支援は、スムーズな退院と、退院後の患者の生活の大きな支えになる

MSWの役割

① 入退院における相談と情報収集
② 退院時の家庭復帰への環境整備
③ 退院後の支援体制の確保と連携
④ 退院後のサービス提供機関との調整
⑤ 退院後の主治医への情報提供など

MSWとして求められる知識

- 介護保険制度や高齢者の医療保健福祉の諸制度に関する事項
- 患者の生活圏域にある福祉施設やサービスの内容
- 地域のサービスの利用する方法やその対象基準
- 患者の生活圏域での医療体制や、地域の状態や地域のキーパーソン

1-9 精神科ソーシャルワーカー（PSW）

> 医療機関だけではなく、地域での支援業務でも活躍

精神科医療の相談 現在の精神科医療は、精神疾患患者だけでなく、認知症患者も増加したことから、そのニーズに応えて治療にあたっています。その精神科医療の相談業務は精神保健福祉士がおもに担っています。

外来受診する患者には、地域との仲介役となり、地域での支援のつなぎ役として相談に応じながら、支援制度の紹介や仲介を行ないます。また、入院患者に対しては、入院中での不安の解消や地域復帰の可能性について相談に応じ、入院中の不安の解消を図っていきます。

精神医療機関の患者への支援 現在の患者支援はチーム医療が中心です。精神科ソーシャルワーカー（PSW）は関係する医療スタッフと協力して患者の支援を行ない、福祉専門職として相談対応と、患者の代弁者としての役割を担います。

また、患者の退院にあたっては、社会復帰および地域への適応支援が大きな役割となっています。とくに、地域社会が精神障害者や認知症患者を受け入れていくには、疾患に対する意識の壁が現在でもみられます。そのため、PSWは医療関係とだけ連携するのではなく、自治体や地域の住民組織への理解と協力を求める業務も求められています。住民の不安に対する相談支援を行なうことは、精神障害者や認知症患者の社会復帰や家庭復帰に対する援助の一環でもあります。近年は権利擁護の理解が進み、精神障害者や認知症患者の権利も尊重すべきものとされています。PSWが権利擁護の視点に立ち支援することが、これからの相談業務に必要です。

患者家族への支援 精神疾患や認知症等の疾患は、なかなか目に見えにくい病気です。また性格や思考にも影響を与えるために、家族にとっても患者の内面的な変化に戸惑いや不安などの葛藤が起きています。PSWは、患者の社会復帰や家庭復帰を支援するために行なう家族援助の1つとして相談業務を行ない、家族の悩みを理解し解消をめざしていきます。

◆PSWの仕事

●精神および行動の障害での外来入院患者数推移

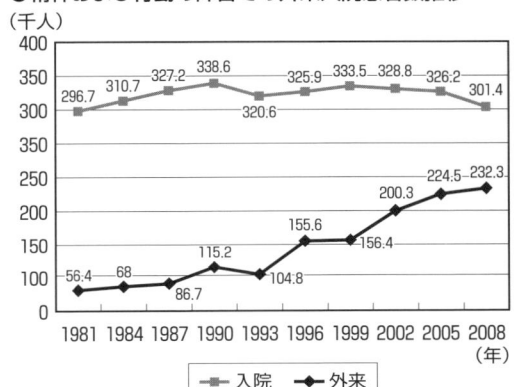

（千人）

入院: 296.7 (1981), 310.7 (1984), 327.2 (1987), 338.6 (1990), 320.6 (1993), 325.9 (1996), 333.5 (1999), 328.8 (2002), 326.2 (2005), 301.4 (2008)

外来: 56.4 (1981), 68 (1984), 86.7 (1987), 115.2 (1990), 104.8 (1993), 155.6 (1996), 156.4 (1999), 200.3 (2002), 224.5 (2005), 232.3 (2008)

出所：厚生労働省「平成20年患者調査（疾病分類編）」より作成

> 精神疾患の入院者数は変わらないが、外来での受診者数が急激に増えている。
> PSWも入院患者だけでなく、在宅療養している外来の患者の支援も、大きな役割になっている

PSWの役割

① 入退院における相談と情報収集
② 退院時の家庭復帰への環境整備
③ 外来患者の生活相談
④ 精神疾患患者支援の地域支援活動の推進
⑤ 他のサービス機関との連携など

PSWの課題と取り組み

- 精神障害者に対する誤った知識からの偏見をなくすための活動
- 地域の一般の人に対して、精神障害の正しい知識を提供する
- 精神障害者に対する地域生活の社会資源の開発
- 入院患者の復帰支援のためのさまざまな啓発活動

1-10 施設での相談援助に求められるもの

利用者や看者を人として敬う姿勢を忘れずに

人が人を支援する　施設の利用者や医療機関の患者と向き合うとき、常に「相手も人であり、自分も人である」ということを意識します。時として、利用者を1人の人間としてではなく、入所者・患者という1つの集合体のように論じられることがありますが、**忘れていけないのは、利用者たちはそれぞれ個性をもった自分たちと対等な人であるということです。**

考え方や生き方も、病気や障害も、家族構成も性格も利用者ごとに違います。相談援助を行なううえでも必ず個々の利用者の姿を理解して、利用者を人として敬う姿勢が大切です。

聞くのが相談ではない　相談援助職は利用者からの相談によってさまざまな情報を入手します。その情報を援助するスタッフと共有することで、有効な支援が展開できます。

そのため、相談援助職はもてる全能力を駆使して、利用者にとって有効かつ適切な情報を引き出す努力をします。利用者と職員という関係は、言葉1つ間違えると、その関係に微妙な"差"を生みだす場合があります。その"差"により、利用者が言いたいことも言えない状況になることがあります。相談援助職は、利用者にとっての理解者かつ代弁者として、安心して相談できる姿勢を常にもつことが大切です。

プロフェッショナルとして　施設や医療機関での相談業務は、これまで述べてきた職種が中心となって行ないます。しかし、利用者にとって相談しやすい人が、相談援助職とは限らないのです。その人に相談するか否かは、利用者やその家族に決定権があります。

信頼される相談援助職となるためには、常にプロフェッショナルとしての意識をもち、スキルの向上と関係機関との信頼関係の構築に努めるのは当然ですが、利用者の生活を支援することが何より大切です。「施設の常識は、世間の非常識」といわれないために。

◘入所する利用者にとって相談援助職は大きな支え

不安・不信・不満の主な要素
- 新しい環境に慣れない
- 知らない人との共同生活
- 施設に相談できる人がいない
- プライバシーが守れない
- 病気や家のことが心配
- 規則ばかりで自由がない　など

- そんなことを言われても施設では無理
- 新しい環境も1年程すれば慣れる
- 部屋に籠っているから仕方ない
- 何かあれば相談室にくればよい
- 施設とはそのようなもの！

といった考え方は危険
「施設の常識・世間の非常識」といわれる原因となる

施設の相談援助職のあるべき姿は
- 利用者の人格や価値観を尊重する
- 利用者のプライバシーを保護する
- 利用者の人生に寄り添う
- 安全より安心できる施設生活を支援
- 施設全体で利用者を支える体制づくり
- 常に利用者の心を理解する事に努める

基本は利用者本位であることを忘れずに

COLUMN
介護・福祉の仕事への思い ❶

　本章を執筆するにあたり、いままで働いてきた現場を振り返りました。

　老人保健施設の支援相談員として関わった認知症の男性と、その介護で疲れ切った奥さん、居宅介護支援事業所時代に縁側に一緒に日向ぼっこしながら、一人暮らしの寂しさをこぼしていた女性、そのほかにもたくさんの顔が浮かんできました。

　忘れられない出会いはたくさんあります。そのなかでも、癌末期で余命わずかという男性との出会いは、私の相談職としての転機となりました。「自宅で死にたい」「死ぬ前に自宅のお風呂に入りたい」など、男性は自分の思いを語っていました。その当時（2000年）は介護保険制度が始まったばかりで、私はケアマネジャーとしてどう応えていけばよいかわからず、無我夢中で対応していました。

　その男性は私が担当して2週間ほどで亡くなりましたが、奥さんから「あなたのおかげで、主人も私も悔いなく過ごせました」といってもらったことは、今でも心の支えとなっています。"悔いのない人生"が私の大きなテーマになりました。

第2章

介護老人福祉施設の仕事

認知症や病気のお年寄りが安心した生活を送るための施設

2-1 特別養護老人ホームの仕事

特別養護老人ホームはさまざまな専門職の人たちが支えている

特別養護老人ホーム　介護老人福祉施設では、認知症や病気のお年寄りが生活を送ります。**特別養護老人ホーム**は、65歳以上で、身体や精神に著しい障害があるために、日常生活を送るうえで常時介護の必要がある人が入所できる施設です。食事・入浴・排せつなどの介護や日常生活全般の援助、機能訓練や健康管理などのサービスを提供しています。

昭和38年に老人福祉法で設置された特別養護老人ホームは、6人部屋や4人部屋で、お風呂やトイレは共同というものでした。大きな食堂に何十人ものお年寄りが決まった時間に集まって食事をしていました。

介護保険法施行後は、そのような自由のない集団生活が見直され、平成13年からは**ユニットケア**（ユニット型）という、従来の特別養護老人ホームに比べて、家庭的で個別性を重視した新たな取組みが始まりました。ユニットケアに対応したユニット型の特別養護老人ホームは、個室を基本とし、キッチンなどを併設した共同生活室が設けられています。

いきいきと暮らせる施設へ　以前は駅から遠く住宅地からも離れた場所に建てられている特別養護老人ホームが多く、「姥捨て山」などと比喩され、あまりよいイメージがありませんでした。

しかし、今日では住宅地や交通の便の良い場所に建設され、施設のなかにはゆっくりと面会のできるスペースなどもあり、入所後も家族や友人との交流が可能になっています。

また高齢になり、さまざまな病気を抱えたお年寄りが生活するために医療機関との連携や機能訓練・維持なども積極的に行なわれています。

自宅での生活がむずかしくなったお年寄りも、"住環境"や"マンパワー"などの環境が整った特別養護老人ホームでならば、いきいきと暮らすこともできるのです。

◧特別養護老人ホームの指定基準

ユニット型	居室：個室（1人あたり13.2㎡以上） 共同生活室、医務室、浴室などがある
従来型	4人以下（1人あたり10.65㎡以上） 医務室、機能訓練室、食堂、浴室などがある

◧特別養護老人ホームで働く人々

- 管理者
- 医師（非常勤可）
- 生活相談員
- 介護士
- 看護師
- 機能訓練指導員
- 栄養士
- 介護支援専門員

2-2 特別養護老人ホームで働く介護士の仕事

入浴、排せつ、食事など、さまざまな援助を通して日常生活を支える

日常生活を支える 介護とは、身体や精神に何らかの障害がある人に対して、入浴、排せつ、食事そのほかの援助を通して日常生活を支えることです。特別養護老人ホームで暮らしているお年寄りは、生活するうえで多くの援助を必要としています。

私たちは、尿意や便意を感じたら、トイレに行って用を足します。しかし、身体に障害があったり、認知症のお年寄りは、尿意を感じても自分でトイレに行くことや用を足すことがむずかしくなります。そんなとき、介護士はお年寄りに合わせた排せつの介助を行ないます。もちろん、排せつだけではなく、食事や入浴、機能訓練や余暇時間など24時間必要な援助を介護士は行なうのです。

勤務は交代制 特別養護老人ホームで働く介護士は交代制の勤務です。たとえば、早番は「午前7時から午後4時」、日勤は「午前9時から午後6時」、遅番は「午前11時から午後8時」、夜勤は「午後5時から午前10時」というように、時間差で勤務することで、お年寄りの生活を支えています。

また、日々の生活だけではなく、納涼祭やクリスマスなどの季節の行事を行なうことや、レクリエーションや入所されているお年寄り1人ひとりの楽しみなどを援助することも大切な仕事です。

介護という職業は、"きつい""汚い"など「Kの職場」といわれることもあります。しかし、ある調査によると、介護職員の半数以上は、介護の仕事を「働きがいのある仕事だと思った」という理由で選んでいます。そして、いまの仕事や職場に対して「利用者や家族に感謝される」「利用者の援助・支援や生活改善につながる」「仕事が楽しい」という順に続いています。お年寄りの介護は、大変なこと以上にやりがいのある仕事といえるのでしょう。

◪ **特別養護老人ホームで働く介護士の1日の例**

早番

- 7:00 ▶ 出勤
  申し送り※
- 7:30 ▶ 朝食準備
- 7:45 ▶ 食事の配膳・介助・下膳

日勤スタート

- 9:00 ▶ 余暇活動
- 11:30 ▶ 休憩
- 12:30 ▶ 昼食の片付け
- 13:30 ▶ 排せつ介助（オムツ交換・トイレ誘導）
- 14:00 ▶ 入浴介助
- 15:45 ▶ 申し送り
  退勤

日勤

- 9:00 ▶ 出勤
  申し送り
- 9:30 ▶ 排せつ介助
  （オムツ交換・トイレ誘導）
- 10:00 ▶ 居室清掃
- 11:30 ▶ 昼食準備
- 12:00 ▶ 食事の配膳・介助・下膳
- 12:45 ▶ 食堂の掃除
- 13:00 ▶ 休憩
- 14:00 ▶ 余暇活動

早番終了

- 16:00 ▶ 排せつ介助
- 16:30 ▶ 洗濯
- 17:15 ▶ 記録
- 17:30 ▶ 申し送り
  退勤

※入居者の状態やその日の予定などを勤務交代時に引き継ぐ作業

2-3 栄養士や管理栄養士の仕事

> 高度な知識と技術をもって給食管理などの栄養指導を行なう専門職

献立から栄養プランまで　栄養士や管理栄養士は、特別養護老人ホームに入所しているお年寄りを栄養面から支えています。管理栄養士は高度な知識と技術をもって給食管理などの栄養指導を行なう専門職です。特別養護老人ホームでは、たくさんのお年寄りの食事を提供しますが、硬いものが噛めない、飲み込むときにむせてしまう、カロリーを制限されているなど、病気や症状により、食事に工夫が必要な場合も少なくありません。

栄養士の仕事は、献立の作成や食材の在庫管理、配膳や残りもののチェック、また調理師への助言、入居されているお年寄りの栄養ケアプランの作成など多岐にわたります。

楽しみと健康を支える　お年寄りの食事をつくる厨房には、栄養士のほかに調理師がいます。特別養護老人ホームによって、職員として調理師を雇用している場合と、外部の会社と契約して調理士が派遣される場合があります。どちらの場合でも、栄養士は入居しているお年寄りの状態を把握し、調理師とともに個人に合った食事を提供することが求められています。

栄養士は「あるお年寄りが、最近よく食事を残すようになった」など、食事の様子や体重の増減などの情報を介護士から得て、血液検査の結果や身体の状況などの情報を看護師から得ます。それらの情報をもとに、栄養士は介護士、看護師と相談しながら、そのお年寄りに必要なエネルギーや食べやすいものを考え、状態にあった食事を提供しているのです。たとえば、入れ歯の調子が悪い場合には、おかずを刻んだり、ごはんをお粥に変更します。

食事を楽しみにしているお年寄りは少なくありません。また、健康とも密接に関わりのある食事の提供はとても重要なサービスなのです。

◆**食事形態**

普通食

ミキサー食

◆**栄養士の1日の例**

9：00 ▶ 出勤
　　　　 申し送り
9：30 ▶ 食材の発注を行なう
10：00 ▶ 昼食の調理を調理師と行なう
12：00 ▶ 配膳　食事の様子を観察
13：00 ▶ 休憩
14：00 ▶ 翌月の献立作成
16：30 ▶ 栄養会議（介護士や看護師と入居者の栄養
　　　　　状態や行事食について話し合う）
17：30 ▶ 申し送り
　　　　 退勤

2-4 理学療法士や作業療法士の仕事

お年寄りの機能の回復や維持・向上を図る

動作能力向上に努める　お年寄りの多くは、病気やケガ、加齢などにより、心身の機能が低下しています。障害の程度や動作の能力、施設内の設備などによっても、生活の仕方は大きく変わってきます。生活環境を整えることや、お年寄りの動作能力が向上するためには、適切な機能訓練やアドバイスが重要となります。

作業療法とは、日常生活におけるさまざまな動作や家事、余暇活動などを通して、お年寄りの機能の回復や維持、向上を図ることです。**作業療法士**は、お年寄りの状態に応じたリハビリのメニューを作成し、介護士や看護師と協力して実施しています。

理学療法とは、関節や筋力の運動や動作訓練などの運動療法と牽引、マッサージ、電気刺激などを用いる物理療法により、お年寄りの機能の回復や維持・向上を図ります。**理学療法士**は、医師の指導のもとに、お年寄りの基本動作や日常の生活における動作に対する指導や訓練を行ないます。

その人らしい動きを取り戻すのが目的　特別養護老人ホームで暮らしているお年寄りは、定期的に機能訓練などを理学療法士や作業療法士、看護師から受けることができます。また、日常生活のなかで、介護士が関節の運動、姿勢の保持や変換、移動訓練を行なう際も、理学療法士や作業療法士による指示や指導が重要です。正しい方法を実践することは、お年寄りの機能の維持・回復につながります。たとえば、食べる動作の練習や手工芸で手の運動をすること、散歩をして気分を変えたり、季節を感じたりすることで、その人らしい生活と動きを取り戻します。

そのためには、**日常的に関わる介護士と専門的な知識をもつ理学療法士や作業療法士、そして看護師が連携することが大切**です。住環境を整備し、その人に合った動きができると、お年寄りの生活は向上するのです。

◘日常生活動作（ADL）とは

日常生活を送るうえでの、基本的な動作

- ●食事
- ●コミュニケーション
- ●排せつ
- ●着替え
- ●移動
- など

◘手段的日常生活動作（IADL）とは

自立した生活を可能にする手段としての動作

- ●調理
- ●買い物
- ●洗濯
- ●掃除
- ●金銭管理
- ●外出
- など

◘作業療法士の1日の例

```
 9：00 ▶ 出勤
         申し送り
 9：30 ▶ 入居者Aさんの機能訓練（編み物）
10：30 ▶ 入居者Bさんの機能訓練（屋外買い物訓練）
12：00 ▶ 入居者Cさんの機能訓練（食事動作）
13：00 ▶ 休憩
14：00 ▶ 入居者Dさんの検査測定（入居時）
16：30 ▶ グループで園芸活動
17：00 ▶ 記録
17：30 ▶ 申し送り
         退勤
```

2-5 生活相談員の仕事

生活相談員の仕事は「何でも」というくらい多岐にわたる

入所準備から仕事がある　特別養護老人ホームにおいては、**生活相談員**という、入所しているお年寄りやその家族の介護に関する相談に対応する仕事があります。生活相談員は、社会福祉士や精神保健福祉士、社会福祉主事任用資格などの相談援助を主とする資格が必要となります。

生活相談員の仕事は、お年寄りが特別養護老人ホームに入居する前から始まります。入所を希望するお年寄りの自宅や入院先の病院に訪問し、心身の状況を確認したうえで、お年寄りの家族などから話を聞きます。そして、それらの情報をもとに、介護士や看護師とともに入所に向けた準備を行なうのです。

入所後も、お年寄りや家族の相談はさまざまです。たとえば、病気に対する不安、金銭的な問題、介護や設備など施設に対する不満などがあります。生活相談員は、お年寄りのそれらの不安・不満を解消するために、介護士、看護師と一緒に問題に向き合うことになります。

専門職間の連携に寄与　特別養護老人ホームでは、介護士・看護師など、さまざまな専門職がお年寄りの生活を支えているため、専門職間の連携を円滑に進めていくことが求められます。その調整役としても、生活相談員の役割は重要です。生活相談員は、時に"何でも屋"といわれるように仕事の内容は多岐にわたります。日々の生活に関する相談だけではなく、入所や退去に関する相談や手続き、入所されているお年寄りの病院受診、入退院する際の調整、ケアプランの作成などにも関わります。加えて、オムツ交換や入浴介助など直接介護を行なうこともあります。

従来型の特別養護老人ホームでは、50人、場合によっては100人を超えるたくさんのお年寄りが生活し、ユニット型でも10人が一緒に生活しています。お年寄りがその人らしい生活を送れるように、生活相談員は、お年寄りの家族や、それぞれの専門職と連携して支えているのです。

◆生活相談員の1日（例）

```
 9:00 ▶ 出勤
          申し送り
 9:30 ▶ 受診同行
11:30 ▶ 家族に連絡
12:00 ▶ 休憩
13:00 ▶ 新規入居者の自宅訪問
14:30 ▶ 書類作成
15:30 ▶ 入院者の退院調整（病院）
16:30 ▶ 家族と面談
17:00 ▶ 記録
17:30 ▶ 申し送り
          退勤
```

◆特別養護老人ホームの生活相談員の例

〈入所の流れ〉

入所申込
↓
自宅訪問　　**ケアマネジャーへ連絡**
- 施設の説明
- 現状把握
- 情報収集

↓
入所判定会議の書類作成
↓
入所判定会議
↓
入所決定
- 入所手続
- 説明・契約
- 医療機関との調整

2-6 認知症対応型共同生活介護（グループホーム）の仕事

> 家庭的な雰囲気のなかで暮らせるように支援する

グループホーム グループホームとは、認知症により介護が必要なお年寄りが、入浴や排せつ、食事などの介護や、その他の日常生活の援助を受けながら、共同で生活を送る施設です。

地域密着型サービス（2－7参照）の1つで、原則として、現在、設置されている自治体に住民票がある人が入所できます。

認知症とは、脳の器質的な障害によって、正常に発達した知能が持続的に低下した状態になることをいいます。症状として、日時や場所、人などがわからなくなったり、直前の出来事などの記憶が失われることがあります。さらに、感情が不安定になったり、幻視や幻聴などがみられることもあり、一人暮らしはむずかしくなってきますが、ちょっとした援助や助言があれば、家事や身の回りのことを自分でできる人は少なくありません。

グループホームは認知症の人専門の施設 グループホームと特別養護老人ホームの大きな違いは、「入居しているお年寄りが、認知症の診断を受けているか」ということです。

グループホームに入居されているのは、要支援2から要介護5の認知症のお年寄りです。またグループホームでは、5人から9人という少人数で生活し、それぞれの個室があり、共同のリビング、キッチン、浴室などが備え付けられます。個室には、これまで自宅で使っていたタンスや布団などを持ち込むことができ、環境の変化を軽減するような工夫がされています。

認知症のお年寄りにとって、生活しやすい環境を整え、少人数のなかで馴染みの関係をつくり、家庭的な雰囲気のなかで掃除や洗濯、調理を一緒に行ないます。落ち着いた生活、自分らしい生活を送ることにより、認知症の進行を遅らせることや、残された能力を最大限に活用することが、グループホームの生活には望まれています。

◘ グループホームの設置基準

- 必要な設備(台所、食堂、居間、浴室、消火設備)

- 居室の定員は1名(7.43㎡以上)

- 地域住民との交流の機会が確保される地域

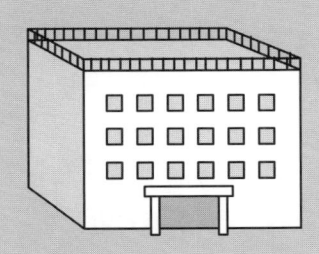

◘ グループホームの見取図

2-7 地域密着型サービスと近隣住民との関係

> 高齢者が自分らしく生きるための手助けをする施設

地域密着型サービス　高齢になっても、いままで生きてきたように、自分らしく生きていきたいと考える人は多いことでしょう。住み慣れた場所で、馴染みの人たちといつまでも暮らしていきたいのは当然です。

お年寄りができる限り住み慣れた地域での生活を継続できるよう、**地域密着型サービス**というものがあります。地域密着型サービスには、①**夜間対応型訪問介護**、②**認知症対応型通所介護**、③**小規模多機能型居宅介護**、④**認知症対応型共同生活介護**（グループホーム）、⑤**小規模（定員29人以下）の介護老人福祉施設**、⑥**小規模（定員29人以下）の特定施設入居者生活介護**があります。グループホームは、そのなかの1つに位置づけられており、原則として、現在、市町村に住んでいる市民の方を対象としています。

地域に根ざした活動　地域密着型サービスは、住宅地などに建設され、地域に根付いた活動を期待されています。利用しているお年寄りだけではなく、近隣の住民を対象とした催しも行なわれています。介護保険の認定を受けていない高齢者の介護予防教室や、集まった人と話ができるサロン、介護保険や認知症の勉強会、また異世代交流として子どもとお年寄りが参加するレクリエーションなど、さまざまな行事が開催されているのです。

また、特別養護老人ホームやグループホームなど、多くの施設では、地域で活動しているボランティアの協力を受けてます。たとえば、歌や楽器演奏などで余暇を楽しむ音楽ボランティアや、お年寄りと1対1でゆっくりと向き合って話をする傾聴ボランティア、行事の手伝いをする学生ボランティアなど、たくさんの人が関わっています。お年寄りが住み慣れた地域で暮らしていけるということは、若い年代の人にとっても安心できる老後につながるでしょう。地域住民、自治体、そして施設が協力することで、お年寄りのこれまでの生活を支えていけるのです。

◆ボランティアの紹介

- 傾聴
- 余暇活動（書道・音楽・手芸など）
- 活け花
- 草取り
- 掃除
- 合唱や楽器演奏
- 洗濯物
- 催しの協力
- 裁縫
- 外出支援

など

◆住み慣れた場所で生活を支えるサービス（地域密着型サービス）

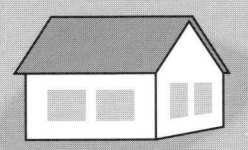

自宅で介護
- 夜間対応型訪問介護
- 認知症対応型通所介護
- 小規模多機能型居宅介護

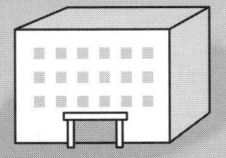

施設で介護
- 認知症対応型共同生活介護
- 小規模（29人以下）の介護老人福祉施設
- 小規模（29人以下）の特定施設入居者生活介護

2-8 グループホームで働く介護士の仕事

> 介護士には、その人のもっている力を引き出す介護力が求められる

24時間365日　特別養護老人ホームの介護士の仕事と同じように、グループホームの介護士も24時間365日、入居しているお年寄りの生活を支えています。

　グループホームに入居しているお年寄りは、認知症のため生活上の支障が色々とあります。たとえば、洗濯機の使い方を忘れてしまう、洋服を着る順番がわからなくなってしまう、外出先から家に帰れなくなってしまうなど、できないことは人それぞれで異なります。しかし、多くの認知症のお年寄りは、ちょっとした声かけや介護士が一緒に行なうことで、1人で行なうにはむずかしいこともできるのです。

もっている力を引き出す介護　多くのグループホームでは、介護士と入居しているお年寄りが一緒に食事をつくって、一緒に食べます。掃除や洗濯もそれぞれ協力しながら行ないます。また、近くのスーパーや商店街に、一緒に食材を買いに行きます。生活におけるすべての行為が、お年寄りのリハビリや楽しみにつながっているのです。そのため、**介護士にとっては、オムツ交換や入浴介助といった直接的な介護だけではなく、家事などを通してお年寄りの状態を把握し、その人のできることを増やすことが大切**です。

　グループホームでは、5〜9人という少人数の認知症のお年寄りが共同生活をしています。家庭のような雰囲気のなかで、その人らしい生活を継続することで、認知症の進行を緩やかにさせるといわれています。主婦として毎日の食事をつくり、洗濯や掃除を行なってきたお年寄りのなかには、認知症のため、時間や場所がわからなくても、台所に立てば野菜を切ることや、ごはんを炊くこともできます。介護士は、その人のもっている力を引き出す介護が求められるのです。

◧グループホームで働く介護士の1日（例）

```
 8:30 ▶ 出勤
         申し送り
 9:00 ▶ 排せつ介助
 9:30 ▶ 入居者と一緒に掃除
10:30 ▶ 入居者と一緒に昼食の調理
12:00 ▶ 昼食
13:00 ▶ 余暇活動（音楽・脳トレ）
15:00 ▶ 入居者と一緒に買い物
17:00 ▶ 記録
         退勤
```

◧グループホームの風景

2-9 グループホームと医療との連携

訪問看護のサービスを利用することで、安心して生活を続けてもらえる

訪問介護 グループホームでは、認知症のお年寄りと介護士が家庭的な雰囲気のなかで、自宅に近い生活を継続できるように協力して暮らしています。高齢になると、認知症以外にも癌の人や高血圧の人、糖尿病の人、脳梗塞の後遺症がある人など、さまざまな病気を抱えている人がいます。そのため、入居しているお年寄りは、かかりつけの病院に家族や介護士と受診したり、先生に往診にきてもらうなど、定期的に病院にかかって治療や検査を行ない、必要な薬をもらいます。

近年、グループホームに入居されているお年寄りの介護が重度化してきており、さらに終の棲家としてグループホームで死を迎える人も増えてきました。しかし、グループホームには、看護師の配置は義務づけられていません。そこで、グループホームでの生活が安心して継続できるように、訪問看護のサービスを受けることができるようになりました。

市町村によって、回数や時間に違いはありますが、**看護師が定期的にグループホームを訪問し、入所しているお年寄りの健康管理（相談）や医療的な処置などを行ないます。**また、入所しているお年寄りのかかりつけ医との連絡調整の役割も担っています。緊急時は24時間電話で連絡でき、体調が優れない場合、いつでも相談できる体制になっているのです。

介護士の気づきが重要 看護師がいないグループホームでは、お年寄りの体調が急に悪くなったときなど、介護士に対応や判断が求められる機会が少なくありません。そのような事態に備え、看護師と介護士が一緒に研修を行ない、情報や知識を共有する機会も設けられています。

日々の生活をともにしている介護士のちょっとした気づきが、お年寄りの健康管理にとって重要なのです。

◆グループホームにおける健康管理の例

- 介護士は、日常の様子やAさん本人の訴えを看護師や、かかりつけ医に伝える
- Aさんの食事や排せつの状態を把握する

入居者

看護師（週2回）
・バイタルサイン※
・健康相談
・処置など

かかりつけ医（月2回）
・定期受診
・薬の処方

↓

体調不良

↓

介護士は看護師へ連絡し、指示を仰ぐ、または緊急訪問する

↓

介護士は家族に連絡し、状態によっては受診する

※バイタルサイン
　生命微候という意味で入居者さんの状態を示す指示となる。おもに体温・呼吸・脈拍・血圧などを測定すること

COLUMN
介護・福祉の仕事への思い ❷

　Fさんは食事、排せつ、入浴、着替えなど、生活のすべてにおいて介護が必要な状態です。奥さんを中心に、家族が協力しながら、在宅で介護をしています。デイサービス、ショートステイ、ホームヘルパーなど、介護保険のサービスを利用しており、私はホームヘルパーとしてFさん宅へ訪問していました。Fさんを介護している奥さんと一緒にオムツを交換しながら、Fさんのこと、介護の大変さ、家族の思いなど、たくさんの話を聞かせてもらいました。

　ある日、バースデイソングを歌いながら、70代の息子夫婦はロウソクの点いたケーキを99歳になるFさんの前に置きました。そして奥さんは「ホームヘルパーのあなたたちがうちに来てくれて、私たちを認めてくれたから、こうやって心からおばあちゃんの誕生日を祝うことができるの」と祝ったのです。介護においては、相手を認めることが何よりも大切です。そのようなFさんとのふれあいを通じて、私はホームヘルパーという援助者として、そして仕事を超えた家族として、お互いの役割を認め合うことの大切さを学びました。

　そして、翌年の100歳の誕生日も、Fさんに関わるたくさんの人がFさんの誕生日を祝うことができたのです。それから4年が経ったいまでも、Fさんと過ごした時間を思い出しながら仕事をしています。

第3章

介護施設における看護師の仕事

看護師のおもな業務は「健康管理」と「医療処置」

3-1 医療スタッフが働く介護保険施設

医療スタッフが働く介護保険施設は3つある

1. 介護療養型医療施設　介護保険の要介護認定で「要介護1以上」と認定され、病状が安定期にあり、長期的に医学的管理やリハビリテーションを必要とする人が利用する施設です。医師や看護師、理学療法士などのもとで介護、機能訓練、治療や日常生活の世話を受け、できる限り自立した生活を送れるよう、または自宅復帰に向けて療養しやすい環境づくりに配慮しています。

医療施設とされていますが、介護保険法で定められた老人福祉施設の1つです。

2. 介護老人保健施設　介護保険の要介護認定で「要介護1～5」と認定された要介護者（要支援は除く）で、病状が安定期にあり、入院治療をする必要はないが、看護を必要とする高齢者を対象に家庭生活への復帰を支援するための、リハビリテーション機能、デイケア機能などを備えた施設です。したがって、入所中の人でも介護認定の更新で要支援、もしくは自立と認定された場合は利用不可となり退所扱いとなります。

最終目標が「在宅に戻っての自立」であることが、特別養護老人ホームとの大きな違いですが、最近では「看取り」を行なう介護老人保健施設も増えているようです。

3. 介護老人福祉施設（特別養護老人ホーム）　身体的または精神的に著しい障害があり、介護保険制度で介護の必要がある「要介護」の判定を受けた人が利用できる介護保険施設です。家庭で生活している高齢者を対象に、自治体の委託を受けてショートステイやデイサービスなどの事業を実施していることも特徴です。

ここでは近年、医療処置や看護が必要な入所者や、「終の棲み家」として最期を迎える入所者が増えていることから、医師や看護師の役割が見直されています。

◪介護保険3施設の違い

	介護療養型医療施設	介護老人保健施設	介護老人福祉施設
設置根拠	医療法にもとづき許可された病院または診療所の療養型病床群等を指定	介護保険法にもとづく開設許可	老人福祉法にもとづき認可された特別養護老人ホームを指定
医療	施設療養に際する日常的な医療の提供は介護保険で給付	施設療養上、必要な医療の提供は介護保険で給付	すべて医療保険で給付
利用対象者	カテーテルを装着している等の常時医療管理が必要で病状が安定期にある要介護者	病状安定期にあり、入院治療をする必要はないが、リハビリテーションや看護・介護を必要とする要介護者	常時介護が必要で在宅生活が困難な要介護者

出所：公益社団法人　全国老人保健施設協会ホームページより作成
http://www.roken.or.jp/severs/institution.html

◪要介護認定の分類

要介護1	立ち上がりや歩行が不安定。 排せつや入浴などに部分的介助が必要
要介護2	立ち上がりや歩行などが自力では困難。 排せつ・入浴などに一部または全介助が必要
要介護3	立ち上がりや歩行などが自力ではできない。 排せつ・入浴・衣服の着脱など全面的な介助が必要
要介護4	日常生活能力の低下がみられ、排せつ・入浴・衣服の着脱など全般に全面的な介助が必要
要介護5	日常生活全般について全面的な介助が必要。 意志の伝達も困難

出所：公益社団法人　全国老人保健施設協会ホームページより作成
http://www.roken.or.jp/severs/institution.html

3-2 介護保険施設で働く医療のスペシャリスト

介護保険施設では看護師が重要な医療の専門家

介護療養型医療施設　介護療養型医療施設は、急性期医療を行なう病院などにおける治療は一段落したものの、もう少し病院での療養が必要な人が入所対象となっています。そのため、医師や看護師だけでなく、薬剤師や栄養士など、いわゆる病院と同じような医療スタッフが配置されています。手術などの積極的治療は行なわず、あくまで「**在宅復帰**」を目標にチームでケアを行なっています。

介護療養型医療施設はさらに「**療養型病床群**」と「**老人性認知症疾患療養病棟を有する病院**」に分けることができ、後者には精神科医師や精神保健福祉士、もしくは臨床心理士を配置しなければなりません。

日本における認知症ケア技術の向上、認知症ケアに対する優れた学識と高度な技術、そして倫理観を備えた専門資格「認知症ケア専門士」をもつ医療スタッフも増えているようです。

介護老人保健施設と特別養護老人ホーム　介護療養型医療施設と比較すると、医療スタッフである医師、看護師の人数は圧倒的に少ない配置となっています。介護老人保健施設の医師は常勤ですが、特別養護老人ホームは非常勤です。医師がいつでもそこにいるというわけではありません。したがって、唯一の医療スタッフである看護師に、医師に代わる的確な判断が求められます。

また、看護師1人が担当する利用者の人数が多いため、責任や負担が大きくなっており、人員配置の検討が今後の課題となっています。医師も一施設に1～2名の配置と少なく、各入所者とじっくり向き合うことがむずかしく、ここでも看護師と連携して入所者の健康管理を行なっていかなければなりません。そのほか、介護保険施設ではリハビリテーションも積極的に行なわれています。音楽を用いたリハビリテーションを行なう「音楽療法士」が定期的に訪れる場合もあります。

◘介護保険法で定める人員配置基準

	介護療養型医療施設	介護老人保健療施設	介護老人福祉施設
医師	3人	1人（常勤）	1人（非常勤可）
看護職員	17人	9人	3人※
介護職員	17人	25人	31人※
薬剤師	1人	―	―
栄養士	1人	―	―
介護支援専門員	1人	1人	1人
精神保健福祉士	―	―	―
理学療法士または作業療法士	―	1人	―
その他	―	支援相談員など	生活指導員など

※看護職員数は看護・介護職員の総数の7分の2程度
　介護職員数は看護・介護職員の総数の7分の5程度

※介護・看護職員の配置は、各施設とも3：1（ただし、経過措置として介護老人福祉施設で4.1：1以上）だが、リハビリテーションの専門職であるOT（作業療法士）またはPT（理学療法士）を必置としているのは介護老人保健施設だけである。

出所：公益社団法人全国老人保健施設協会ウェブサイトより作成
http://www.roken.or.jp/severs/institution.html

【用語解説】 老人性認知症

脳の異常な萎縮が引き起こすアルツハイマー型認知症と、脳の血管障害によって起こる脳血管性認知症、レビー小体型認知症などがある。

3-3 医療ニーズの増加と看護師の必要性①

高齢化にともない、医療処置を受ける入所者が増えている

入所者の病気と身体的特徴　歳をとっていけば、健康上のさまざまな問題も重なり、病気を患っていたり、治療を受けていたりする人が多くなっていきます。介護保険施設ももちろん例外ではありません。

療養型病床や介護老人保健施設には、日本の三大死因の1つである脳血管障害の後遺症で、寝たきりや半身麻痺、嚥下(えんげ)困難、会話ができないなどで、日常生活に支障をきたした人がたくさん入院しています。

さらに糖尿病や高血圧症、ガンなどの手術後の人など、いろいろな病気を抱えています。

また、認知症を患った人も急増しています。認知症患者数は2015(平成27)年までに250万人、2025(平成37)年には323万人になると推計されており(『平成19年版厚生労働白書』より)、認知症に対する知識とケアの充実が今後の課題となっています。

どんな医療ニーズがあるのか　いちばん多い「服薬管理」は、全部の施設のおよそ7〜8割を占めています。内服薬や点眼薬も含めた薬の管理のことで、看護師は定期的に処方される薬を入所者1人ひとりに対して日付別、時間別(朝、昼、晩、就寝前)に分け、その時間帯に配り、薬を飲み込む確認まで行ないます。

介護療養型医療施設に多い「**胃ろう栄養法**」は、その是非が問われている医療処置なので、聞いたことがある人も多いかもしれません。

「**吸引**」とは、たんの吸引のことです。健康な人であれば、たんが絡めば自分で出すことができます。しかし肺の病気があったり、高齢であればあるほど、なかなかたんを外に出せません。とくに寝たきりの人の場合、全身の機能が低下しているためたんが溜まりやすく、頻繁に管を使って吸引しなければなりません。もしもたんが肺や気管に溜まってしまうと肺炎を起こし、命に危険が及ぶ可能性もあります。

◨医療の提供状況

	介護療養病棟	介護老人保健施設（療養型）	介護老人保健施設（従来型）	介護福祉施設
総数	16,603人	436人	24,013人	19,785人
中心静脈栄養	0.9%	0.0%	0.0%	0.0%
人工呼吸器	0.0%	0.0%	0.0%	0.0%
気管切開・気管内挿管	1.7%	3.5%	0.1%	0.1%
酸素療法	2.9%	2.3%	0.5%	0.8%
喀痰吸引	18.3%	14.9%	2.4%	4.4%
経鼻経管・胃ろう	36.8%	35.1%	7.3%	10.7%

出所：厚生労働省「医療施設・介護施設の利用者に関する横断調査」速報値
平成22年6月23日調査時点　より作成

◨脳血管障害（慢性期）の主な症状と介護保険施設での看護

症状
- 運動障害（半身麻痺）
- 感覚障害
- 排せつ障害
- 統合機能障害
  （失認・失行・失語）
  　など

おもな看護
- 血圧・脈拍などの測定、全身状態の観察）
- 意識レベル、麻痺の程度の観察
- 服薬管理
- 排便コントロール（便秘予防）
- 転倒予防
- リハビリテーション（現在の運動機能を維持）
- 精神的援助（本人・家族）
  　など

↓

二次的障害
（筋力低下・筋萎縮・関節拘縮・床ずれ　など）

→

二次的障害を防ぐための
看護と異常の早期発見
全身状態の把握→アセスメント→計画→実践

第3章　介護施設における看護師の仕事

3-4 医療ニーズの増加と看護師の必要性②

> 看護師のおもな業務は「健康管理」と「医療処置」である

病院と介護保険施設における看護師の業務の違い　病院や診療所における看護師の注目される業務といえば、点滴の管理や注射、決まった時間の検温や治療の説明などでしょうか。

では、治療がメインではない介護保険施設での看護師の業務にはどのようなものがあるのでしょうか。それは「日常生活の中の看護」です。具体的には「健康管理」と「医療処置」があります。医療知識が備わっている看護師は、入所者の身体面・精神面から問題点を総合的に判断し、介護士などのスタッフと協力して最適な援助をしていかなければなりません。

生活の場における看護師の仕事　3-1で説明したとおり、介護保険3施設で共通するおもな看護業務には以下のようなものがあります。

健康管理　入所時に本人や家族から健康状態を聞き、ケアプランに沿った看護計画を立案し実践していきます。

日常生活動作の援助　病気やケガなどで更衣や清潔保持、食事摂取などに障害がある人に対し、現状の動きを維持しつつ援助していきます。

医師の回診サポート　とくに常勤の医師がいない場合、的確に入所者の体調や問題を医師に伝え、指示を受け実施していきます。

家族のサポート　家族背景や家族の希望を把握し、日常生活や看取り時のアドバイスや精神面のフォローをしていきます。

介護士との連携　看護師よりも介護士のほうが入所者との接する時間が長いので、いろいろなことに気づくことも多いです。報告・連絡・相談を徹底し、異常の早期発見のためにも看護師は専門的知識をもとに介護スタッフと連携を図っていきます。

◘介護保険施設での看護師の具体的な仕事

検温
- 体温、血圧、脈拍測定
- 呼吸状態の確認（呼吸数、聴診器で肺を聴診）
- 便、尿の状態の確認（回数、性状、お腹の張りなど）
- 痛みや訴えの有無の確認
- むくみ、皮膚の色、関節の動きの確認
- 意識レベルの確認　　　など

服薬管理
- 入所者ごとに薬を朝、昼、夜、寝る前で分ける（配薬カートのセッティング）
- 薬を配る
- 内服確認（飲み込みまで）
- とくに便秘や高血圧の薬は、検温のデータと照らし合わせて、適切かどうか確認し、必要があれば医師に報告

急変時の対応
- 救急車を呼ぶか否かの判断
- 呼吸、血圧などのバイタルサイン測定
- 入所者の希望に合った医療処置（気道確保、心臓マッサージなど）
- 医師への報告、指示受け

医師とのコンタクト
- 入所者の状態報告
- 食事摂取量や便や尿の具合、意識レベルなどを報告し、指示を受ける
- 回診の介助
- 歯科や眼科など、外部の医療機関受診の指示受け
- 処方箋の確認

日常生活動作の援助
- 麻痺や痛みの程度を把握し、苦痛がないように援助する
- 今ある運動機能を最大限に生かせるよう援助する

家族のサポート
- 家族を安心して預けられるように、適切な病状や看護の説明を随時、行なう
- 介護保険や福祉制度についての説明
- 意向を聞き、フィードバックする

勉強会の実施、指導
- カンファレンスを実施する
- 介護士向けに看取りや体についての勉強会を開催する

3-5 介護療養型医療施設における看護師の役割

介護士と明確に役割を分担して働く

入所者の特徴と看護　介護療養型医療施設には、医療を必要とした人が入所しています。脳梗塞や脳出血の後遺症で入所している人が多く、自力で歩ける人は2～3割程度、話すことや自分の意思を伝えることができない人が半分以上、寝たきりの人も少なくありません。高齢になればなるほど別の病気も合併している場合も多くなっています。

ここで必要となってくる看護師の能力が「観察力」です。話せない、動けないということは、コミュニケーションがとりづらいということです。言葉だけでなく目で見て観察し、幅広い知識から異常を早期に発見できなければなりません。

他の介護保険施設では行なわれていない専門的な処置として、口や鼻からの呼吸や痰を出すことが困難な場合に行なわれる「気管切開」や、慢性閉塞性肺疾患などで肺でのガス交換が上手にできない場合に持続的に行なわれる「酸素療法」があります。また肺炎時の抗生物質や、高齢者に多い脱水時の補液のための点滴なども実施されています。

看護師と介護士はペアで行動　介護療養型医療施設は医療が提供される場所なので看護師の人数は多く、介護士と同じ人数となっています。よって、看護師は「看護業務」、介護士は「介護業務」というように、きちんと役割分担をして業務を遂行しています。日・夜勤帯共に日常生活の介助（排せつや食事など）は介護士と行動をともにします。そうすることで、介護士が援助しているときに、看護師が全身状態をくまなくチェックすることができます。

入所者の目標は「在宅復帰」です。看護師は1人ひとりの身体的、精神的問題をつかみ、ケアプランに沿った看護計画（入所者の問題点を挙げてそれを改善していくように看護をする計画のこと）を立案し、家族へのサポートも含めたゴールへ向けて援助していくのです。

◧介護療養型医療施設で働く看護師の一日のスケジュール（例）

時 間	看護師の動き	入所者の動き
0時	巡回、検温、オムツ交換、尿量などの測定 　　薬品や医療物品の点検、配薬カート本日分のセット、交替で仮眠	
3時	巡回、検温、オムツ交換、尿量などの測定	
4時	オムツ交換、トイレ付き添いなどの排せつ介助	
6時	採血、巡回、検温 　　経鼻カテーテルからの排液量、膀胱留置カテーテルによる尿量測定 　　インスリン、胃ろうによる経管栄養、配薬など	起床
7時半	配膳、食事介助、内服介助	朝食
8時半	夜勤→日勤交替申し送り	歯磨き、洗面
9時	オムツ交換、清拭、入浴介助、シーツ交換（1回/週） 　　医師回診同行、配薬など	オムツ交換、シーツ交換等 順番に入浴、諸検査 昼食
12時	配膳、食事介助、内服介助 　　交替で昼休憩	順番に入浴
13時	カンファレンス、看護記録 　　創傷などの処置、入浴介助、レクリエーション参加	オムツ交換 レクリエーションなどでゆっくり過ごす
17時	日勤→夜勤交替申し送り 巡回、検温	
18時	配膳、食事介助、内服介助 　　交替で休憩	夕食 歯磨きなどの就寝準備
20時	巡回、オムツ交換、就寝前の内服介助	オムツ交換
21時		消灯

◧介護療養型医療施設で行なわれる特徴的な医療行為

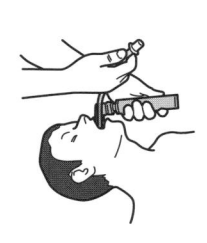

気管内挿管
意識がなく、人工呼吸などの緊急処置が必要な場合など、口から気管へ管を入れて呼吸を補助する

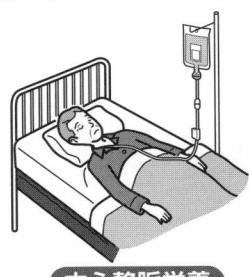

中心静脈栄養
通常の静脈からの点滴で、酸素療法では補えない高カロリーの点滴をする場合、心臓近くの大きな血管にチューブを挿入して栄養を補う

酸素療法
肺の機能が衰えて、自力の呼吸では十分に酸素を補えない場合に、鼻や口から酸素を送って呼吸を助ける

3-6 介護老人保健施設における看護師の役割

> 「在宅復帰」を目標にチームでケアする介護老人保健施設の看護師

看護師の役割　介護老人保健施設には病状の安定した人が入所しているので、**看護師のおもな役割は「健康管理」**です。毎日の業務は検温、入浴介助、食事介助、排せつ介助、薬の準備や配薬などがあります。また、ナースコールの対応や外部の医療機関への受診の同行も大切な業務です。「入浴介助や食事介助は介護士の仕事では…」と思うかもしれませんが、日常生活の介助から、身体的あるいは精神的な問題を見つけることができます。

入浴介助をしているときに、わずかに皮膚が赤く変化していたことから床ずれを早期に発見することもあります。床ずれは悪化すると治癒するのに長期間を要し、痛みもともないます。また入所者との会話も増え、体の不調を示唆する話を引き出せるかもしれません。**会話は大切なコミュニケーションツールなのです。**

看護師の1日　ある介護老人保健施設の看護師の1日を見てみましょう。ここはベッド数約150床の比較的大きな施設で、男女比は4：6、入所者の平均年齢は80歳台半ばで平均介護度は要介護3～4程度。看護師は2交代制で、日勤は5～6名、夜勤は2名体制です。

日勤は9時から夜勤勤務者からの申し送り（入所者の状態や外部受診などを言い伝える）で始まります。そして全体を巡回し、状態が悪い入所者の検温を行ないます。この間に入浴後の創傷処置や新しい入所者への対応、医師からの指示を受け、食前には薬を配ったり経管栄養を行なったりします。午後は午前中の残りの処置や毎日行なわれるレクリエーションに参加、16時に夜勤帯へ申し送りして引き継ぎます。

夜勤帯は介護士の人数も減るため、食事介助なども行ないます。介護士が巡回する間に翌日の薬の準備や記録、介護士から報告を受けた入所者への対応をしていきます。2時間の仮眠はとるものの、夜勤帯も業務が盛りだくさんです。

◘介護老人保健施設の看護師の一日（例）

時 間	看護師の動き	入所者の動き
0時	膀胱留置カテーテルからの尿量確認 　　随時、体調が優れない人の検温、交替で2時間ずつ仮眠	
2時	定時検温、注射など	
5時半	胃ろうなどの経管栄養準備6〜8時施行	起床
6時	（採血）認知症の入所者の見守り	朝食
7時半	配薬→食事終了後、内服確認	歯磨き、洗面
8時	夜勤→日勤交替申し送り	
9時	巡回、検温、入浴後の創傷処置、医師の指示受け、回診同行 胃ろうなどの経管栄養準備、施行	オムツ交換、シーツ交換など 順番に入浴（午前中のみ）
11時	配薬→食事終了後、内服確認	昼食
12時	交替で昼休憩 午前中の処置の残り、記録	オムツ交換
13時	翌日の薬の準備（セッティング）、新規入所者対応 　レクリエーションに参加	レクリエーションなどでゆっくり過ごす おやつの時間
15時	胃ろうなどの経管栄養準備、施行	
16時	日勤→夜勤交替申し送り	
17時	配薬→食事終了後、内服確認	
18時	下膳、消灯に向けての準備 就寝前の配薬、内服確認	夕食 歯磨きなどの消灯に向けての準備
19時半		オムツ交換
20時	30分間休憩	消灯
21時	記録など 介護職員からの巡回の報告受け、点滴、検温	
23時		

【用語解説】　経管栄養

経口摂取が不可能あるいは不十分な患者に対し、体外から消化管内に通した管を用いて流動食を投与する処置。鼻から胃に管を通す方法を「経鼻栄養法」、胃に直接管を入れる方法を「胃ろう栄養法」、腹部から直接空腸（小腸の一部）に管を入れる方法を「空腸栄養法」という。介護保険施設では「胃ろう栄養法」が多く行なわれている。

3-7 特別養護老人ホームにおける看護師の役割

唯一の医療の専門家

看護師の勤務体制と役割　特別養護老人ホームは、ベッド数や併設しているサービス（デイサービスやショートステイなど）により異なりますが、日勤帯は1～2名の看護師が常駐で業務に当たっています。反対に夜勤帯は、ほとんどの施設で看護師は不在となります。**介護士だけで夜勤をこなしているのがほかの介護保険施設との大きな違いです。**

看護師は1人が当番で携帯電話を持ち、緊急の電話がいつでもかかってきてよいように、自宅待機します。これを**オンコール体制**といって、真夜中に連絡があれば、必要に応じてすぐに施設に駆けつけなければなりません。

高齢化などの社会背景から特別養護老人ホームでも、「看取り」や「医療ニーズ」が増加していることから、最近では看護師も夜勤を行なうようになり、24時間常駐する施設も増えているようです。

看護師の1日　ある特別養護老人ホームの看護師の1日を見てみましょう。ここはベッド数約80床。ほかにデイサービス用50床、ショートステイ用10床があります。男女比は3：7、入所者の平均年齢は80歳前後で、平均介護度は要介護4程度です。看護師は早番（7時半～）と日勤（9時15分～18時15分）、夜勤はオンコール体制をとっています。

早番の看護師は、朝食前の配薬やインスリン注射、胃ろうの処置を1人で行ないます。日勤の看護師は申し送り後、全体を巡回し、個別で処置や検温、胃ろうの人の歯磨き（口腔ケア）などを行ないます。医師の往診時の介助や指示受けも大事な業務です。昼食時は食事介助や胃ろうの処置をします。この施設ではショートステイの受け入れも行なっているため、さらに業務が増えます。17時から看護師と介護士合同の申し送りを行ない、1日の業務が終了します。

◘特別養護老人ホームの看護師の一日（例）

時間	看護師の動き	入所者の動き
7時半	早番出勤 インスリン注射などの食前処置 胃ろうなどの経管栄養準備、施行 朝食前の配薬、内服確認	
8時		朝食
9時	日勤出勤・申し送り 巡回、検温、たんの吸引 入浴後の創傷処置、医師の指示受け、回診同行	オムツ交換 入浴
11時		
12時	胃ろうなどの経管栄養準備、施行 食事終了後、内服確認	昼食
13時	昼休憩 午前中の処置の残り、記録	レクリエーション（書道など） 精神科医師回診など
15時	入浴後の創傷処置 新規入所者対応	おやつ 外出
17時	申し送り（看護師、介護士合同）	
18時頃	日勤終了	夕食

◘看護師、ケアマネージャー、介護士、家族の「24時間シート」の例
看護師をはじめスタッフが同じ情報を共有するために使用している記録用紙

○○　△△さま　24時間シート（例）　　2011年12月1日

	6時　　8時	9時	12時	15時	18時	21時	0時
ケアプラン	起床 朝食・服薬介助 口腔清潔介助	清拭・更衣介助	昼食・服薬介助 口腔清潔介助	おやつ 入浴介助（水曜日） リハビリテーション	夕食・服薬介助 口腔清潔介助	消灯	巡回
サイン	中野	中野	中野	中野	中野	中野	中野
排泄	尿1回		尿1回			尿1回	
バイタルサイン	BP172/104	KT362 P72 BP160/88			BP168/98		
介護記録	朝食、ロビーにて自力で全量摂取される 入れ歯清掃	仙骨部に発赤→看護師に報告する 家族のことを笑顔で楽しそうに話される	昼食半分摂取される。食欲がないとのこと。お茶はおいしいと全部飲む	おやつ全量摂取される。 オムツに尿が少量付着していたため、オムツ交換を行なう	夕食、ロビーにて半分の量を摂取される	排泄促し、排尿あり。眠くないと。様子観察	入眠中
サイン	山田	山本	山本	山本	木村	木村	山田
看護記録		仙骨部発赤2×2cm 除圧処置必要。 カンファレンス計画。 清拭や入浴時要観察	薬の飲み込みが悪く、口の中に残っている。 要嚥下確認	回診、血圧高めと観察。降圧剤検討する。 入れ歯が合わない訴えに歯科受診 12月7日	薬の飲み込み確認、問題なし		
サイン		坂本	坂本	坂本			
リハビリテーション				ベッドの上端座位にて足の屈伸～立位練習。 膝の拘縮やや進行。 要リハビリ			
サイン				井上			
他スタッフ記録			嚥下困難に対し、ペースト食を検討				
サイン			栄養士　森田				
家族			入れ歯が合わないと本人が言っています	中庭まで歩行器で歩いていきました。ふらつきますが、転びませんでした			
サイン			妻	妻			

第3章　介護施設における看護師の仕事

3-8 看護師とほかスタッフとの連携の重要性

> 介護保険施設では介護士との連携なくして最良のケアはできない

医療スタッフ間の連携 看護師は、医師とコンタクトをとるという重要な役割を担っています。介護士やほかのスタッフは医師とコンタクトをとるのはなかなかむずかしいものです。「薬が重複しているので見直してほしい」「皮膚の湿疹がよくならないのでもう一度見てほしい」「食事をあまり食べないが、栄養状態を調べたほうがよいのではないか」というように、看護師は医療の知識を生かして医師に報告し、指示を受けます。このように、医師と看護師はお互いに医療知識があるからこその連携をとることができ、それが入所者にとって安楽な生活につながるのです。

病状が安定しているといっても、入所者はみな65歳以上の高齢です。いつ何が起こるか、いつ急変するのかわかりません。**急変時には、迅速かつ適確に医師へ情報を伝えること、そして１人ひとりの意向に沿った処置をすることも看護師の役割です。最近では「看取り」を行なう施設も増えており、より一層医師と看護師の連携が求められます。**

介護士との連携 介護老人保健施設や特別養護老人ホームでは、看護師よりも介護士のほうが圧倒的に多く働いています。ある施設では日勤帯で利用者80名に対して、看護師１〜２名、介護士15名前後が勤務しています。１人の看護師が40人の入所者を見なければならず、入所者１人ひとりとじっくり向き合えないのが現状です。

そこで大切なのが「介護士との連携」です。介護士は毎日、排せつ介助や食事介助、入浴介助など、利用者と接する機会が多くあります。看護師は介護士に対して観察ポイントやどういう処置や工夫が必要なのか、医学的知識から理論的に説明し協力を得ることで、異常も早期発見でき、入所者も安心して生活ができます。勉強会を開催したり、各種委員会（感染、事故防止など）や研究発表で知識を深め、お互いの信頼関係を深めていくのです。

◆介護老人福祉施設における職種別常勤換算従事者数の割合

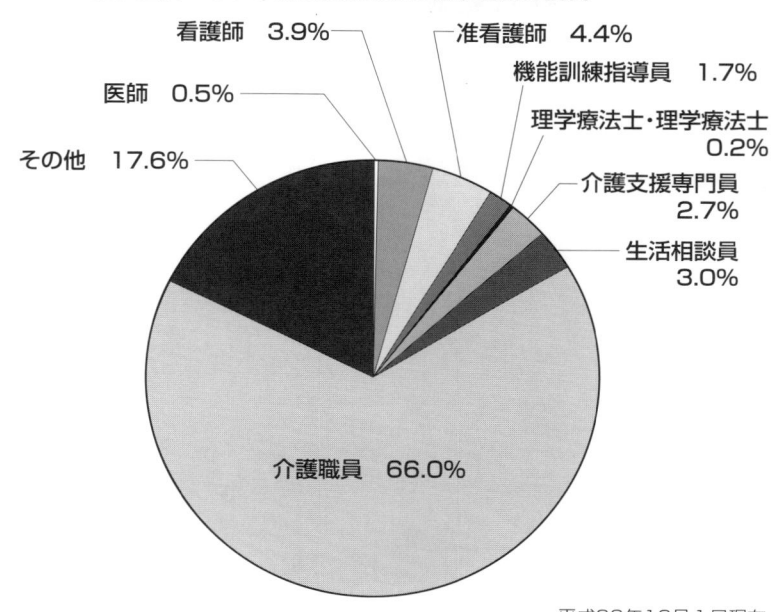

- 看護師　3.9%
- 准看護師　4.4%
- 機能訓練指導員　1.7%
- 医師　0.5%
- 理学療法士・理学療法士　0.2%
- その他　17.6%
- 介護支援専門員　2.7%
- 生活相談員　3.0%
- 介護職員　66.0%

平成20年10月1日現在
出所：厚生労働省「平成20年介護サービス事務所調査」より作成

◆医師と看護師の連携

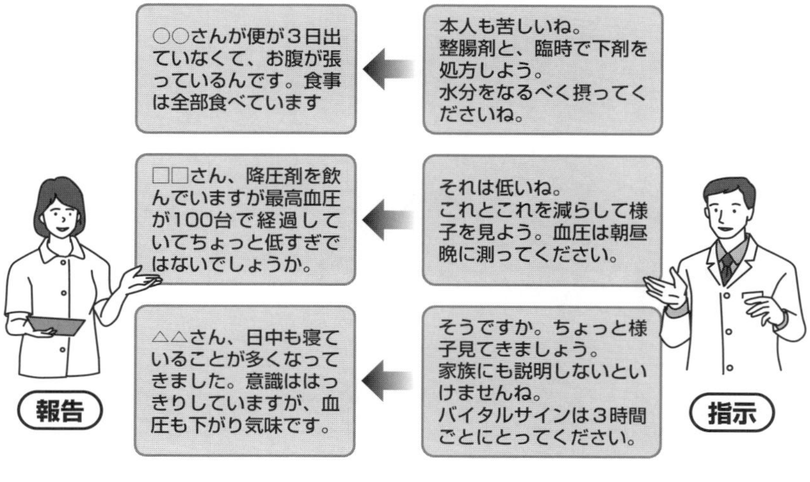

報告：
- ○○さんが便が3日出ていなくて、お腹が張っているんです。食事は全部食べています
- □□さん、降圧剤を飲んでいますが最高血圧が100台で経過していてちょっと低すぎではないでしょうか。
- △△さん、日中も寝ていることが多くなってきました。意識ははっきりしていますが、血圧も下がり気味です。

指示：
- 本人も苦しいね。整腸剤と、臨時で下剤を処方しよう。水分をなるべく摂ってくださいね。
- それは低いね。これとこれを減らして様子を見よう。血圧は朝昼晩に測ってください。
- そうですか。ちょっと様子見てきましょう。家族にも説明しないといけませんね。バイタルサインは3時間ごとにとってください。

3-9 介護保険施設での看取り

穏やかな最期を迎えられるように援助をする

介護保険施設で増える「看取り」　死は誰にでも必ず平等に訪れます。以前は高齢者にとって最期を迎える場所は病院か家でしたが、1人暮らしの高齢者の増加という社会的背景と、家族の事情で世話ができないという場合もあることから、現在では介護老人保健施設や特別養護老人ホームで最期を迎える人が増えています。

　最期を迎えるまでを支えるのが「看取り」です。介護保険施設での看取りケアとは、終末期において入所者の周囲の環境を整え、医師や看護師が連携して精神面や医療面などを総合的にサポートし、穏やかな最期を迎えられるように援助をすることです。

看護師の判断が必要な看取りケア　「看取り」という期間に入ると、看護師は本人や家族の意向を聞いて看取りの計画を立て、希望に沿った穏やかな最期を迎えられるように援助していきます。

　最期が近づいてくると徐々に尿の量が減ってきます。特別養護老人ホームでは夜間看護師が不在となるため、夜勤の介護士に「尿の量が少なくなってきてそろそろ死が近いと思うから、1時間ごとに巡回して」というような指示をします。介護士は尿の量や血圧などを測定して看護師に報告し、看護師は報告された情報から死が間近だと判断すると施設へ出向き全身状態を確認するのです。生活相談員や家族に連絡をして、チームと家族と一緒に最期を迎えます。

看取りケアは職員全体の協力が必要　最期を迎える人が希望の最期を迎えられるよう、施設全体で十分な体制を整えなければなりません。**介護保険施設で看取りが行なわれるようになったのはごく最近のことです。**看取りの経験が乏しい介護士は非常に戸惑っています。

　そこで看護師は勉強会やミーティングを行ない、チーム一丸で同じ方向性を持って、死から目を背けずに向き合っていくことが大切です。

◪具体的な看取りケアの事例

本人・家族の意思確認

相談員	急変時対応シートの説明と、最期をどこで迎えたいか、意思確認を行なう
医師・看護師・相談員	病状と検査、積極的な治療をどこまで希望するか、意思確認を行なう
看護師	急変時対応シートを作成し、本人と家族から了承を得る
家族や本人	積極的な医療を望まず、施設での見取りを希望

看取りケア実施

医師	全身状態の判断で看取りケアスタート
看護師	本人の状態を元に見取りの看護計画を立案、実施する
看護師 ⇒ スタッフ	看取り計画の説明を行い、協力を得る

急変・臨終

看護師・スタッフ	急変時対応シートを元に対応し、穏やかな最期が訪れる
スタッフ	逝去すると、施設内で入所者と職員で献花する

追悼

遺族が落ち着いたころに追悼会を開催し、故人をしのぶ

急変時対応シート（仮称）

患者氏名ＡＡ
家族氏名ＡＡ

処置の内容	備　考	○×
酸素吸入	血中酸素濃度が下がった際、酸素マスクを装着する	
点滴	血圧を上げる薬剤　強心剤など	
輸血		
気管内挿管	口から気管まで管を入れ、気道確保する	
心臓マッサージ	肋骨が折れる可能性あり	
病院搬送	救急車を呼ぶか否か	
家族が到着するまでの延命措置		

担当医師：○山△男
看護師　：□野○美

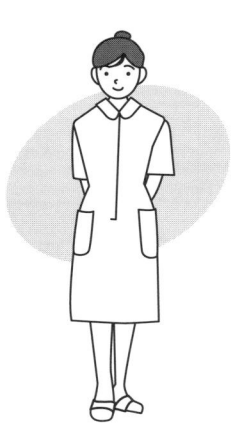

3-10 介護保険施設でますます活躍が期待される看護師

> 入所者やスタッフと信頼関係を築いてサービスを提供する

ますます活躍が期待される看護師　医療ニーズの増加や看取りケアの導入にともない、介護保険施設では看護師のさらなる活躍が期待されています。では、どういう看護師が求められているのでしょうか。

- 介護保険施設が「生活の場」であることを理解できる看護師
  →介護保険施設は病院のような「治療の場」ではない
- 身体面、精神面の幅広い医療知識を持つ看護師
  →家庭の医学ぐらいの幅広い知識と技術が必要
- アセスメント能力の高い看護師
  →問題意識を持ち、常に入所者の目線で考えなければならない
- 医師やスタッフへ「報告・連絡・相談」ができる看護師
- どんな状況でも柔軟に対応できる能力がある看護師
  →あらゆる可能性を考えて対応していかなければならない
- スタッフへの指導と、スタッフからの指導を謙虚に受けられる看護師
  →医療や看護の知識を指導し協力を得ることで、入所者にとって一貫したよりよいケアを行なうことができる
- 観察力に加えて判断力が備わっている看護師
  →観察したあとに判断、処置が適切に行なわれなければならない
- 家族のサポートができる看護師
  →看取りや在宅復帰に向けて家族への指導や援助は必要不可欠
- 介護保険制度を理解している看護師
  →介護保険施設ではこの法制度のもとでスタッフは働いている

　介護保険施設は「生活の場」に密着した新しい看護ができる場所です。医療の知識と技術を介護の現場で発揮できれば、さらに質の高いサービスを提供することができるでしょう。

◆看護師を取り巻く専門家たちと関係

看護師は、施設内のほかスタッフや地域と協力することにより、在所者に尊厳のあるよりよい生活を送るための援助ができる。

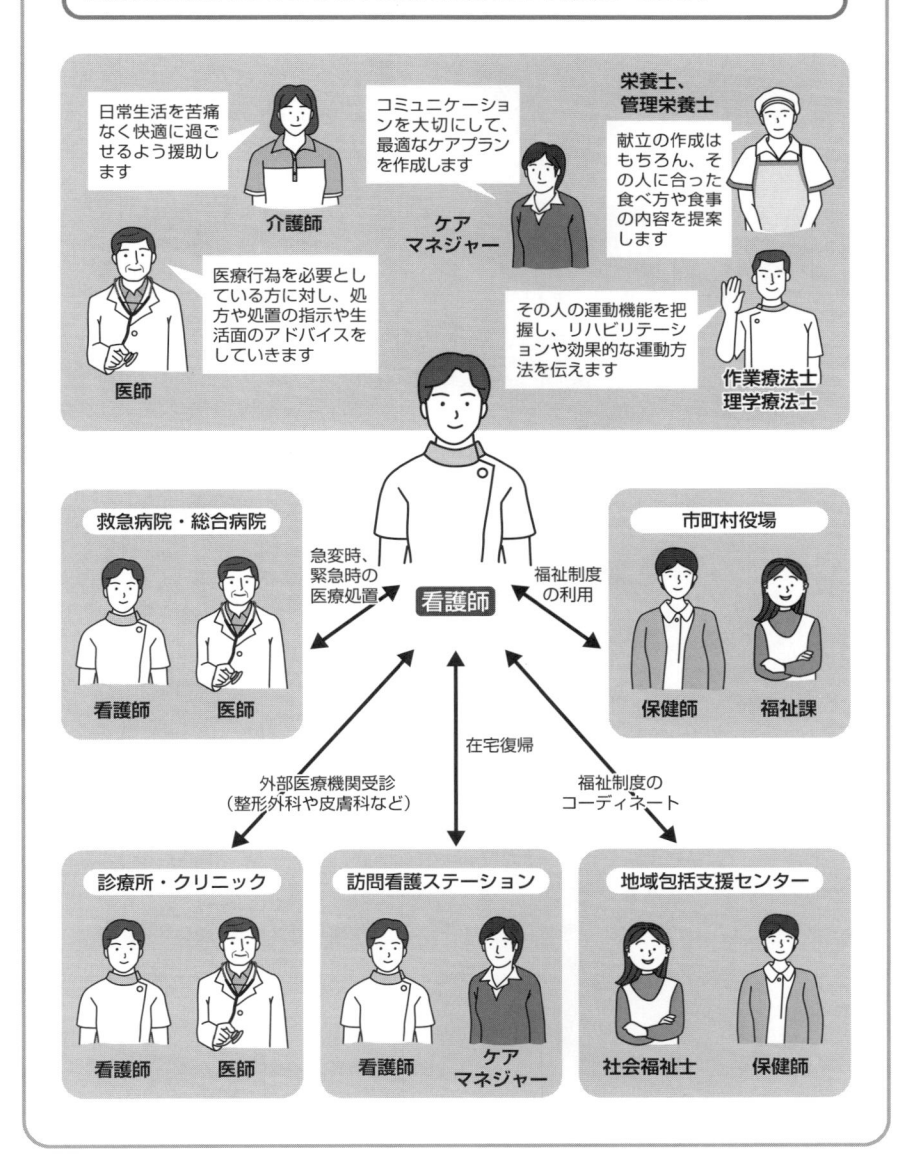

介護師：日常生活を苦痛なく快適に過ごせるよう援助します

ケアマネジャー：コミュニケーションを大切にして、最適なケアプランを作成します

栄養士、管理栄養士：献立の作成はもちろん、その人に合った食べ方や食事の内容を提案します

医師：医療行為を必要としている方に対し、処方や処置の指示や生活面のアドバイスをしていきます

作業療法士・理学療法士：その人の運動機能を把握し、リハビリテーションや効果的な運動方法を伝えます

中心：**看護師**

- **救急病院・総合病院**（看護師、医師）← 急変時、緊急時の医療処置
- **市町村役場**（保健師、福祉課）← 福祉制度の利用
- **診療所・クリニック**（看護師、医師）← 外部医療機関受診（整形外科や皮膚科など）
- **訪問看護ステーション**（看護師、ケアマネジャー）← 在宅復帰
- **地域包括支援センター**（社会福祉士、保健師）← 福祉制度のコーディネート

COLUMN
介護・福祉の仕事への思い ❸

　「お大事に」
　その言葉からはじまる介護施設での看護は、病気のための看護ではなく、生活に密着したものです。病院ではなかなかできない、理想の看護が実践できる現場ではないでしょうか。
　本章では看護師の仕事を説明しましたが、現場の看護師は日々進歩している医療を積極的に学び、スタッフへ伝達することによって、入所者にとってよりよい生活へとつなげていきます。これは医療の専門家である看護師の大きな仕事でもあります。医療処置のなかでも、介護現場におけるたんの吸引やキズ口のガーゼ交換などの一部の医療行為は介護士でも行なえるようになりましたが、介護士による医療行為を医学的根拠に基づいて安全に行なえるように指導することは看護師の仕事です。また、介護士から報告を受けて判断したり、指示やアドバイスをすることも必要であり、介護保険施設での看護師の仕事はまだまだ未知数といえます。
　介護保険施設で看護師の役割が大切だと認識されはじめたのは、ごく最近のことです。介護保険制度において存在する看護師の役割や地位をどのように確立していけるかは、これから介護保険施設で働くみなさん次第です。それが日本の高齢化社会を支える大きな柱となっていくことでしょう。

第4章

在宅（地域）における相談機関の仕事

> 利用者の抱える課題（ニーズ）に向き合い、相談援助により本人がもつ力を引き出したり、社会資源（サービス）活用につなげていく役割

参考文献：『地域包括支援センター業務マニュアル（平成23年6月）　一般財団法人長寿社会開発センター』P12, 13, 14, 15, 25

4-1 居宅介護支援事業所で働くケアマネジャー

利用者の生活課題解決にあたるトータルコーディネイター

ケアマネジメント　介護保険制度によって誕生したのが**介護支援サービス（ケアマネジメント）**です。ケアマネジメントの目的は、保険給付の対象者である要介護者と要支援者（利用者）に対し、個々の解決すべき課題や状態に即した利用者本位のサービスが適切かつ効果的に提供されるよう、多様なサービス提供主体による保健・医療・福祉にわたる各サービス（**居宅サービス**）が、総合的・一体的・効率的に提供されるサービス体系を確立することです。

利用者と居宅サービス　利用者が抱える生活上の支障は単一ではありません。たとえば、下肢に機能不全があって歩くことに支障がある人は、多分、歩くこと以外にも、立ったり座ったり、寝起きや着替え、入浴等の日常生活に支障があると考えられます。

介護を考えるとき、こういった「支障」のことを「個々の解決すべき課題」ととらえます。そして、課題解決の方策として、居宅サービスの利用につなげるのです。

居宅介護支援サービスとケアマネジャー　さまざまな居宅サービスがありますが、その役割はいずれも「利用者の手となり足となること」です。決して、「困っている人のために何でもやってあげる」という意味ではありません。それではかえって、利用者の尊厳に背くことになるのです。大切なことは、可能な限りその居宅において、その有する能力に応じ自立した日常生活を営むことができるように支援することなります。

ただし、利用者が居宅サービスを上手に利用するためには豊富な情報や専門的な知識が必要になります。そこで、個々の解決すべき課題と、居宅サービスとを仲介して、両者を結びつけていくのがケアマネジメントであり、その任務に専門職として携わるのが**介護支援専門員（ケアマネジャー）**です。利用者と居宅サービスの間に存在するコーディネイターといえます。

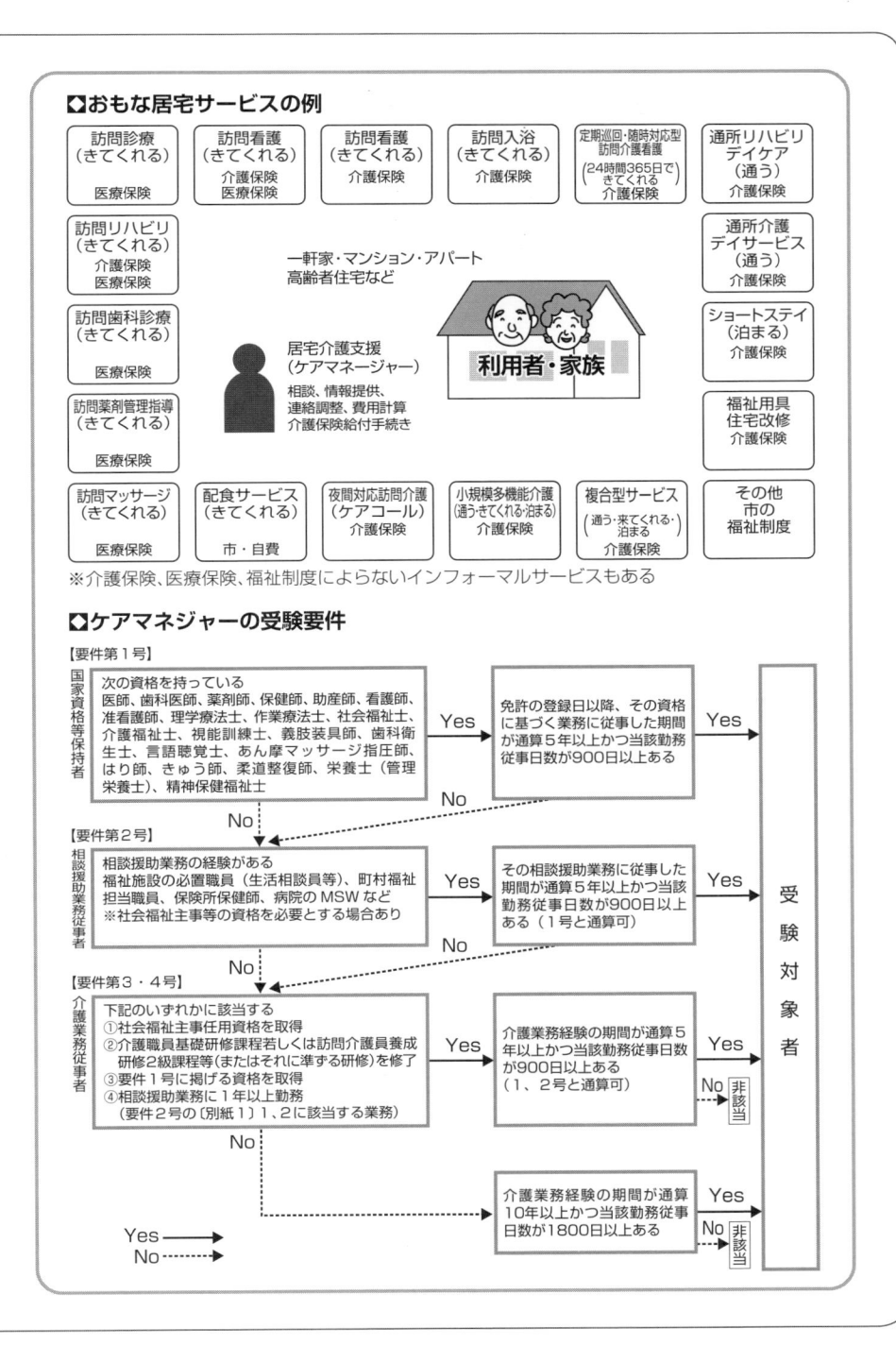

◪おもな居宅サービスの例

- 訪問診療（きてくれる）／医療保険
- 訪問看護（きてくれる）／介護保険・医療保険
- 訪問看護（きてくれる）／介護保険
- 訪問入浴（きてくれる）／介護保険
- 定期巡回・随時対応型訪問介護看護（24時間365日できてくれる）／介護保険
- 通所リハビリ デイケア（通う）／介護保険
- 訪問リハビリ（きてくれる）／介護保険・医療保険
- 訪問歯科診療（きてくれる）／医療保険
- 訪問薬剤管理指導（きてくれる）／医療保険
- 通所介護 デイサービス（通う）／介護保険
- ショートステイ（泊まる）／介護保険
- 福祉用具 住宅改修／介護保険
- 訪問マッサージ（きてくれる）／医療保険
- 配食サービス（きてくれる）／市・自費
- 夜間対応訪問介護（ケアコール）／介護保険
- 小規模多機能介護（通う・きてくれる・泊まる）／介護保険
- 複合型サービス（通う・来てくれる・泊まる）／介護保険
- その他 市の福祉制度

一軒家・マンション・アパート 高齢者住宅など

居宅介護支援（ケアマネージャー）
相談、情報提供、連絡調整、費用計算、介護保険給付手続き

利用者・家族

※介護保険、医療保険、福祉制度によらないインフォーマルサービスもある

◪ケアマネジャーの受験要件

【要件第1号】
国家資格等保持者

次の資格を持っている
医師、歯科医師、薬剤師、保健師、助産師、看護師、准看護師、理学療法士、作業療法士、社会福祉士、介護福祉士、視能訓練士、義肢装具士、歯科衛生士、言語聴覚士、あん摩マッサージ指圧師、はり師、きゅう師、柔道整復師、栄養士（管理栄養士）、精神保健福祉士

→ Yes → 免許の登録日以降、その資格に基づく業務に従事した期間が通算5年以上かつ当該勤務従事日数が900日以上ある → Yes → 受験対象者

No ↓

【要件第2号】
相談援助業務従事者

相談援助業務の経験がある
福祉施設の必置職員（生活相談員等）、町村福祉担当職員、保険所保健師、病院のMSWなど
※社会福祉主事等の資格を必要とする場合あり

→ Yes → その相談援助業務に従事した期間が通算5年以上かつ当該勤務従事日数が900日以上ある（1号と通算可）→ Yes → 受験対象者

No ↓

【要件第3・4号】
介護業務従事者

下記のいずれかに該当する
①社会福祉主事任用資格を取得
②介護職員基礎研修課程若しくは訪問介護員養成研修2級課程等（またはそれに準ずる研修）を修了
③要件1号に掲げる資格を取得
④相談援助業務に1年以上勤務
　（要件2号の〔別紙1〕1、2に該当する業務）

→ Yes → 介護業務経験の期間が通算5年以上かつ当該勤務従事日数が900日以上ある（1、2号と通算可）→ Yes → 受験対象者 ／ No → 非該当

No ↓

→ 介護業務経験の期間が通算10年以上かつ当該勤務従事日数が1800日以上ある → Yes → 受験対象者 ／ No → 非該当

Yes ──→
No ----→

4-2 ケアマネジメントサイクルを回す

> 専門知識をはじめ、対人関係を円滑にする技能が求められる

　ケアマネジメントをコーディネートしていく過程を解説します。

1. 受付　ケアマネジャーの職務は相談を受けた段階からスタートします。この段階では傾聴による主訴の把握と**ラポール**（信頼関係）形成が大事です。

2. 課題分析　「課題分析票」をもとに個々の利用者の状態を分析し、生活課題を導きます。

3. 居宅サービス計画作成　居宅サービス計画書1表～3表を用いて、まずは大きな方向性である利用者および家族の生活に対する意向、総合的な援助の方針を掲げます。そして、個々の生活課題に対しての目標、サービス内容、サービスの種別や事業者名、頻度、期間などを立案します。

4. サービス担当者会議　居宅サービスは多職種協働のチームアプローチが原則です。居宅サービス計画原案を確定させるにあたっては、各居宅サービスの担当者の意見をよく聞いてまとめていくことが必要です。細かな領域においては、ケアマネジャーよりも各居宅サービス担当者がより専門的観点をもつのです。ケアマネジャーはその検討会議の主宰者であり、会議の際の要点を**居宅サービス計画書4表**に記載します。

5. 居宅サービス計画実行　サービス開始です。居宅サービスがはじまったあとにも、利用者・家族、地域のさまざまな機関と、訪問や電話やメール、FAXを通して連絡調整を繰り返します。関わった経過は利用者ごとに**居宅サービス計画書5表**に記載します。

6. モニタリング　継続的に利用状況と生活状況とを見守ることが大事です。居宅サービス計画がどの程度適切に実施されているか、目標に対しての達成度合、サービス内容があっているかどうか等を定期的に確認します。また、それらにより、生活課題に変化がみられる場合には、再び課題分析を行ない、居宅サービス計画を修正していきます。

◘ケアマネジメントの過程

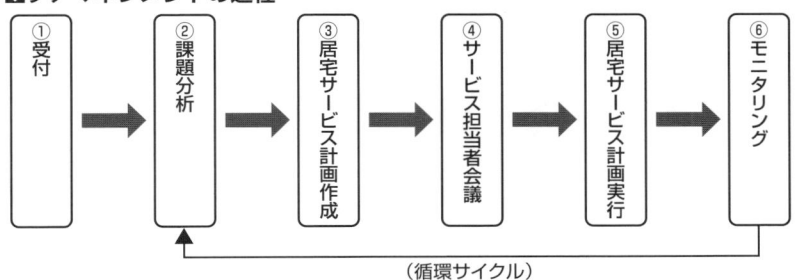

①受付 → ②課題分析 → ③居宅サービス計画作成 → ④サービス担当者会議 → ⑤居宅サービス計画実行 → ⑥モニタリング

（循環サイクル：⑥から②へ戻る）

このサイクルをケアマネジメントサイクルといい、介護保険制度で規定されている。
基準に反した場合、介護報酬減算などが科される。

◘課題分析標準項目について

基本情報に関する項目

No.	標準項目名	項目のおもな内容（例）
1	基本情報（受付、利用者等基本情報）	居宅サービス計画作成についての利用者受付情報（受付日時、受付対応者、受付方法等）、利用者の基本情報（氏名、性別、生年月日、住所・電話番号等の連絡先）、利用者以外の家族等の基本情報について記載する項目
2	生活状況	利用者の現在の生活状況、生活歴について記載する項目
3	利用者の被保険者情報	利用者の被保険者情報（介護保険、医療保険、生活保護、身体障害者手帳の有無等）について記載する項目
4	現在利用しているサービスの状況	介護保険給付の内外を問わず、利用者が現在受けているサービスの状況について記載する項目
5	障害老人の日常生活自立度	障害老人の日常生活自立度について記載する項目
6	認知症である老人の日常生活自立度	認知症である老人の日常生活自立度について記載する項目
7	主訴	利用者及びその家族の主訴や要望について記載する項目
8	認定情報	利用者の認定結果（要介護状態区分）、審査会の意見、支給限度額等）について記載する項目
9	課題分析（アセスメント）理由	当該課題分析（アセスメント）の理由（初回、定期、退院退所時等）について記載する項目

課題分析（アセスメント）に関する項目

No.	標準項目名	項目のおもな内容（例）
10	健康状態	利用者の健康状態（既往歴、主傷病、症状、痛み等）について記載する項目
11	ADL	ADL（寝返り、起きあがり、移乗、歩行、着衣、入浴、排せつ等）に関する項目
12	IADL	IADL（調理、掃除、買物、金銭管理、服薬状況等）に関する項目
13	認知	日常の意思決定を行なうための認知能力の程度に関する項目
14	コミュニケーション能力	意思の伝達、視力、聴力等のコミュニケーションに関する項目
15	社会との関わり	社会との関わり（社会的活動への参加意欲、社会との関わりの変化、喪失感や孤独感等）に関する項目
16	排尿・排便	失禁の状況、排尿排せつ後の後始末、コントロール方法、頻度などに関する項目
17	じょく瘡・皮膚の問題	じょく瘡の程度、皮膚の清潔状況等に関する項目
18	口腔衛生	歯・口腔内の状態や口腔衛生に関する項目
19	食事摂取	食事摂取（栄養、食事回数、水分量等）に関する項目
20	問題行動	問題行動（暴言暴行、徘徊、介護の抵抗、収集癖、火の不始末、不潔行為、異食行動等）に関する項目
21	介護力	利用者の介護力（介護者の有無、介護者の介護意思、介護負担、主な介護者に関する情報等）に関する項目
22	居住環境	住宅改修の必要性、危険個所等の現在の居住環境について記載する項目
23	特別な状況	特別な状況（虐待、ターミナルケア等）に関する項目

4-3 給付管理業務と求められる資質とスキル

> 事務的管理能力も重要。ただし、一番大事なことは豊かな人間性

給付管理業務 ケアマネジャーは、居宅サービスに必要な費用の計算をします。各居宅サービスの料金は、介護報酬という国が決めた公定価格により設定されています。介護度ごとの支給限度基準額以内ならば、利用者の料金負担は1割ですみます。しかし、**基準額を超えると、一気に十割（全額）負担となってしまいます。**

介護保険請求の管理のため、毎月、翌月分の居宅サービスのスケジュールおよび予算計画を立てます。これには、居宅サービス計画書6表と7表を用いて管理します。しかし、当初に立てたものはあくまでも予定ですから、月の途中で追加・キャンセルなどで変わることがあります。

月末締めとして、どのサービスをどれだけ利用したのかといった実績集計も行なわなくてはなりません。介護保険という公金（国民みんなで集めたお金）や利用者の自己負担といった、金銭に関わる業務に関する事務的管理能力も求められます。

豊かな人間性が何より大事 ケアマネジャーには高度な専門性や厳格な法令遵守、事務管理が求められますが、**本来の役目は人と人とをつなぐことです。**専門性や法令を振りかざそうとするだけで、人がついてくるでしょうか。利用者の自立に向けてのいい提案ができるのでしょうか。

ケアマネジャー自身が仕事を通して立派な人に成長していくことが大事です。豊かな人間性や社会人としての一般常識やマナー・良識を身につけていくように、信頼される人になっていく努力が何より大事なことです。そういった面では、人生の大先輩である利用者から教わることが多々あります。常に誰からでも教わる姿勢をもち、学びとろうとする探究心がケアマネジャーにとって一番必要なことです。

◘支給限度基準額 （2012年4月1日現在）

要支援1	4,970単位	（49,700円〜55,900円程度）
要支援2	10,400単位	（104,000円〜117,100円程度）
要介護1	16,580単位	（165,800円〜186,600円程度）
要介護2	19,480単位	（194,800円〜219,300円程度）
要介護3	26,750単位	（267,500円〜301,200円程度）
要介護4	30,600単位	（306,000円〜344,500円程度）
要介護5	35,830単位	（358,300円〜403,400円程度）

[利用額の計算方法]
- 利用額は、利用したサービスに応じて設定される単位に、1単位あたりの単価をかけた額となる
- 1単位あたりの単価は、地域ごと、サービス種類ごとに設定されていて、現在は10円〜11.05円と幅がある

● 1単位×最少地域区分　10.00円として計算している
● 1単位×最大地域区分・1級地（23区）11.26円として計算している

◘区分支給限度額の適用されるサービス

・訪問介護　・訪問入浴介護　・訪問看護　・訪問リハビリテーション　・通所介護
・通所リハビリテーション　・福祉用具貸与　・短期入所生活介護　・短期入所療養介護
・夜間対応型訪問介護　・認知症対応型通所介護　・小規模多機能型居宅介護
・認知症対応型共同生活介護（短期利用に限る）

◘居宅介護支援事業所、開設のおもな基準

管理者	介護支援専門員の資格を持った常勤でもっぱらこの業務に携わる1人。下記の場合のみ兼務は可能。 ・管理者が事業所の介護支援専門員を兼ねる場合 ・同じ敷地内にある他の事業所・施設の職務と兼任すること
介護支援専門員（ケアマネジャー）	事業所ごとに1人以上いること （ケアマネジャー1人あたりの標準担当件数は35件）
設備など	事業所を行なうための広さを確保し必要な備品を揃えること とくに、相談室は遮へいなどによって相談内容が漏洩しないようにすること

◘営業所の開設基準

○独立型事業所(併設施設なし)・併設型事業所(併設施設あり)の割合
「独立型事業所」（併設なし）が、年々増加している。

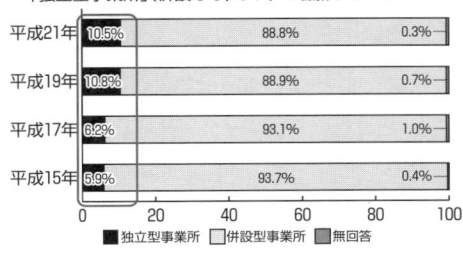

年	独立型事業所	併設型事業所	無回答
平成21年	10.5%	88.8%	0.3%
平成19年	10.8%	88.9%	0.7%
平成17年	6.2%	93.1%	1.0%
平成15年	5.9%	93.7%	0.4%

【参考】併設先事業所の併設先施設・事務所（おもなもの）

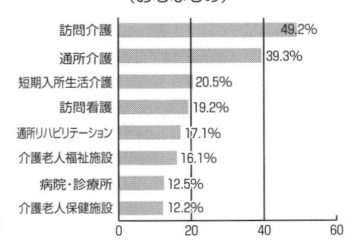

訪問介護	49.2%
通所介護	39.3%
短期入所生活介護	20.5%
訪問看護	19.2%
通所リハビリテーション	17.1%
介護老人福祉施設	16.1%
病院・診療所	12.5%
介護老人保健施設	12.2%

開設基準は比較的シンプルなため、独立開業（独立型）もしやすい。独立型だと、本来の公平中立を示しやすいという利点がある。しかし、実際には採算が厳しく居宅介護支援事業所の多くは、ほかのサービスとの併設タイプが多い。
出所：H23.9.5第79回「社会保障審議会介護保険給付費分科会資料」より作成

4-4 地域包括支援センターの概要と事業の種類

> 高齢社会問題も含め、地域再構築に向けて発信する中核機関

地域包括支援センター　「地域包括ケアシステム」の構築における中核的役割を担う機関です。2005年の介護保険法改正で導入されました。実施主体は市町村（特別区含む）ですが、社会福祉法人や医療法人などに運営を委託して設置することもあります。

　地域包括ケアとは、地域住民が住み慣れた地域で、安心してその人らしい尊厳ある生活を継続することができるようにすることです。具体的には、介護保険制度による公的サービスや、その他の多様な社会資源を本人が活用できるように、包括的および継続的に支援します。

地域包括支援センターの職員　地域包括支援センターには、**保健師等**、**社会福祉士**、**主任介護支援専門員**が配置されています。3つの職種が配置されているのは、保健師等は保健医療、社会福祉士はソーシャルワーク、主任介護支援専門員はケアマネジメントと、それぞれの専門性を発揮することが期待されているからです。

　これらの専門性は、地域住民のために、それぞれの専門職が縦割りで業務を行なうのではなく、包括センター全体で情報の共有や相互の助言等を通じ、各専門職が支援の目標に向かって連携して対応することが必須となります。その専門知識や技能を互いに活かしながらチームで活動します。

地域包括支援センターの事業　地域包括支援センターには必須事業として、地域支援事業のひとつである**包括的支援事業**と**指定介護予防支援事業**があります。そのほかに、市町村が包括センターに委託することが可能な任意事業として、地域支援事業に規定されている事業と厚生労働省が定める事業があります。

◆地域包括支援センター（地域包括ケアシステム）のイメージ

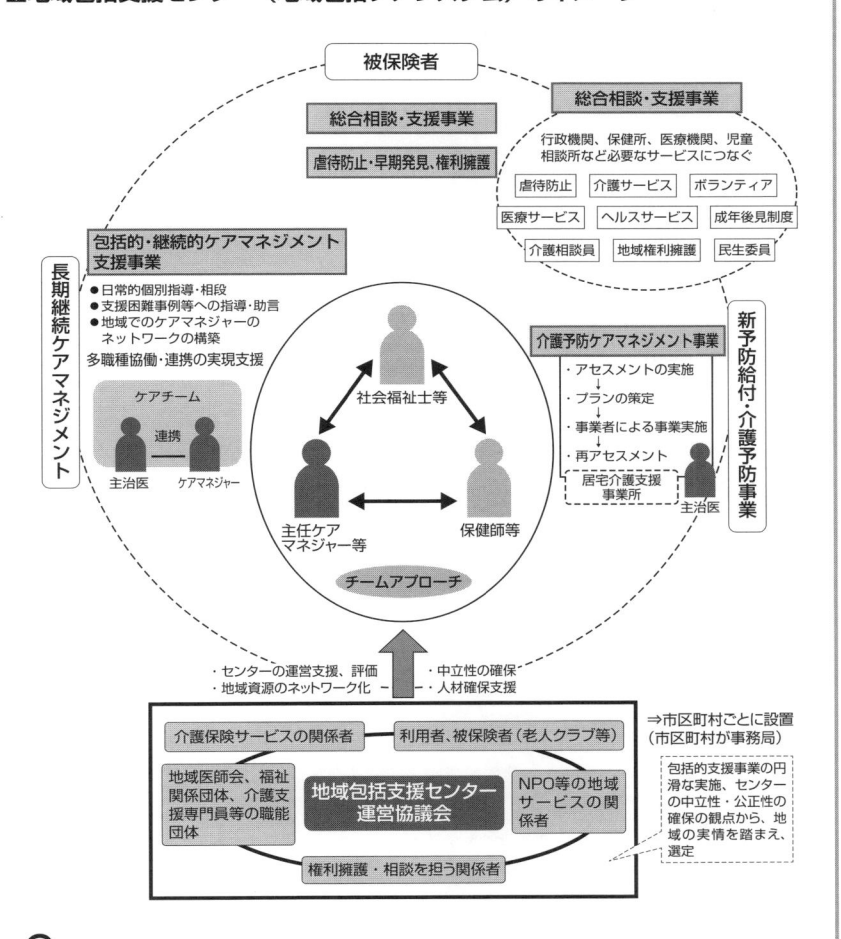

被保険者

総合相談・支援事業
- 虐待防止・早期発見、権利擁護

総合相談・支援事業
行政機関、保健所、医療機関、児童相談所など必要なサービスにつなぐ

虐待防止	介護サービス	ボランティア
医療サービス	ヘルスサービス	成年後見制度
介護相談員	地域権利擁護	民生委員

包括的・継続的ケアマネジメント支援事業
- 日常的個別指導・相談
- 支援困難事例等への指導・助言
- 地域でのケアマネジャーのネットワークの構築
- 多職種協働・連携の実現支援

長期継続ケアマネジメント

ケアチーム（主治医 — ケアマネジャー 連携）

中央：社会福祉士等 ⇔ 主任ケアマネジャー等 ⇔ 保健師等
チームアプローチ

介護予防ケアマネジメント事業
- アセスメントの実施
- プランの策定
- 事業者による事業実施
- 再アセスメント

居宅介護支援事業所　主治医

新予防給付・介護予防事業

- センターの運営支援、評価
- 地域資源のネットワーク化
- 中立性の確保
- 人材確保支援

地域包括支援センター運営協議会
- 介護保険サービスの関係者
- 利用者、被保険者（老人クラブ等）
- 地域医師会、福祉関係団体、介護支援専門員等の職能団体
- NPO等の地域サービスの関係者
- 権利擁護・相談を担う関係者

⇒市区町村ごとに設置（市区町村が事務局）

包括的支援事業の円滑な実施、センターの中立性・公正性の確保の観点から、地域の実情を踏まえ、選定

【用語解説】 主任介護支援専門員

2006（平成18）年度に創設された職種で、地域包括支援センターに配置される職員として介護保険法施行規則第140条の66に規定されている。原則として介護支援専門員の実務経験が5年以上あり、主任介護支援専門員研修を修了した者。他の介護支援専門員に対する助言・指導などを行なう

4-5 包括的支援事業の内容と職種の関連

総合相談は「社会福祉士が中心になって担う業務」

包括的支援事業は次の4つの事業で構成されています。

1. 介護予防ケアマネジメント事業 二次予防事業の対象者（主として要介護状態等となるおそれの高い状態にあると認められる65歳以上の者）が要介護状態等になることを予防するため、必要な援助を行なうものです。

2. 総合相談・支援事業 地域の高齢者が、住み慣れた地域で安心してその人らしい生活を継続していくことができるようにするため、どのような支援が必要かを把握し、地域における適切なサービス、関係機関および制度の利用につなげる等の支援を行なうものです。業務内容としては、総合相談、地域包括支援ネットワーク構築、実態把握などがあります。

3. 権利擁護事業 権利侵害を受けている、または受ける可能性が高いと考えられる高齢者が、地域で安心して尊厳のある生活を行なうことができるよう、権利侵害の予防や対応を専門的に行なうものです。事業内容としては、高齢者虐待の防止および対応、消費者被害の防止および対応、判断能力を欠く状況にある人への支援などがあります。

4. 包括的・継続的ケアマネジメント支援事業 個々の高齢者の状況や変化に応じた包括的・継続的なケアマネジメントを介護支援専門員が実践できるように地域の基盤を整え、個々の介護支援専門員をサポートします。

基盤となる総合相談・支援事業 包括的支援事業のなかでも、**総合相談・支援事業**が包括支援センターの事業を展開するための基盤的機能を果たします。課題を抱えた高齢者を発見し、包括支援センターにつなげ、適切な支援を可能にするのが**地域包括支援ネットワーク**です。また、包括支援センターの事業は総合相談からはじまります。要介護高齢者への支援に困難を感じた介護支援専門員からの相談により、包括的・継続的ケアマネジメント支援が行なわれたり、実態把握により**介護予防ケアマネジメント**が開始されることもあります。

◆地域包括支援センターの各事業の関係性

地域包括支援センターの包括的支援事業(介護予防ケアマネジメント事業、総合相談・支援事業、権利擁護事業、包括的・継続的ケアマネジメント支援事業)は、それぞれの事業の独自性をもちながらも一部は重複し、かつ、深く関係し合っている。

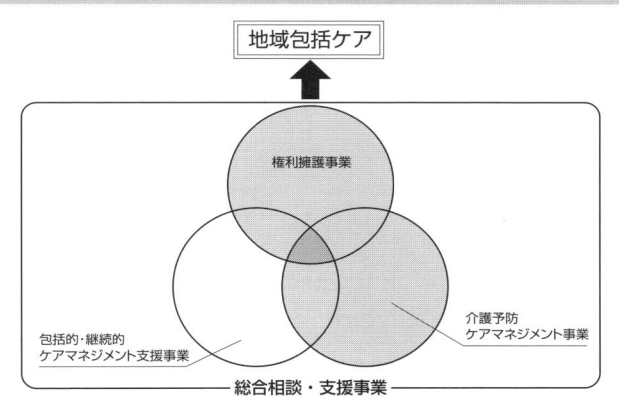

```
                      地域包括ケア
                          ↑

              ┌──────────────────────┐
              │      権利擁護事業      │
              │                      │
              │  包括的・継続的    介護予防          │
              │  ケアマネジメント支援事業  ケアマネジメント事業  │
              │                      │
              │      総合相談・支援事業      │
              └──────────────────────┘
```

出所:『地域包括支援センター業務マニュアル(平成23年6月) 一般財団法人長寿社会開発センター』(P15)より作成

◆地域包括支援センターの社会福祉士

地域包括センターには、社会福祉士を必ず配置することになった。そのなかで社会福祉士は多面的に展開を行なうとされており、社会福祉士が中核となって総合相談機能・権利擁護機能を担うことになっている。また、サービス事業者および行政との連携業務担当者としても位置づけられている。

◆地域包括支援センターの職員配置基準

地域包括支援センターは、保健師、社会福祉士、主任介護支援専門員を配置する必要がある。ただし、地域の実情を踏まえ、これらに準ずる者を配置することもできる。

第1号被保険者の数	配置すべき人員
おおむね、1000人未満	保健師等、社会福祉士、主任介護支援専門員等のうち、1人または2人
おおむね、1000人以上2000人未満	保健師等、社会福祉士等、主任介護支援専門員等のうち、2人(うち1人は専従の常勤職員)
おおむね、2000人以上3000人未満	専らその職務に従事する常勤の保健師等を1人および専らその職務に従事する常勤の社会福祉士等・主任介護支援専門員等のいずれか1人

第4章 在宅(地域)における相談機関の仕事

4-6 社会福祉協議会の職員

> 福祉のまちづくりをめざすコミュニティーワーカー「社協マン」

社会福祉協議会の概要　社会福祉協議会（社協）は、社会福祉法に基づいて定義された、地域の社会福祉のさまざまな問題解決を目的とし、住民が主体となり、組織的活動を行なおうとする営利を目的にしない民間組織です。都道府県、政令指定都市、市区町村を単位として、全国に設置されています。

社会福祉協議会の職員　社協に勤務し、情熱をもって地域福祉実践にあたる職員のことを、通称「**社協マン**」と呼びます。職員になるためには、制度的に特定の基準はありませんが、福祉や社会に対する幅広い知識と、多くの住民や関係者と連携を築くための熱意と人間性を備えた人が求められます。資格としては、**社会福祉士**や**社会福祉主事**などが要件に挙げられることが増えています。

事業例　地域の実情に応じた住民福祉として、「誰もが安心して暮らすことができる福祉のまちづくり」をめざして、右ページ表のように、さまざまな場面での地域福祉増進に取り組んでいます。とりわけ近年は、**生活福祉資金貸付制度**に関する相談件数が著しく伸びています。お金の貸付というと、銀行員を思い浮かべる人が多いと思いますが、社協マンの仕事としてもその比重が高くなっているのです。

生活福祉資金貸付制度　低成長下の日本経済、長引く不況は、私たちの生活にも大きな影を落としています。生活福祉資金貸付制度は、低所得世帯や障害者世帯、高齢者世帯、失業者世帯などに対し、世帯の生活の安定や自立を図ることを目的に、必要な生活資金を低利で貸し付ける制度です。

　都道府県の社協が実施主体であり、住んでいる市区町村社協に相談や申込みをします。また、低利子・無利子での貸付制度であるため、安心して利用することができる制度なのです。

◆市区町村社会福祉協議会のおもな事業事例　2009（平成21）年度実績

（数字は各事業を実施している市区町村社協の割合：％）

分類		事業名	割合
計画		地域福祉活動計画の策定	40.1
相談		心配事相談事業	79.2
		福祉総合相談事業	62.0
貸付		生活福祉資金貸付	96.2
		法外援護資金貸付・給付	58.1
小地域活動 ※		地区社協の設置	39.4
		小地域ネットワーク活動	50.7
住民参加・ボランティア		ボランティアセンター（コーナー等）の設置	92.4
		ふれあい・いきいきサロンの設置	79.1
		社協運営型住民参加型在宅福祉サービス（食事サービス・移送サービス・家事援助サービス等）	22.1
在宅福祉サービス	介護保険事業	訪問介護事業	71.7
		通所介護事業	49.6
		訪問入浴介護事業	28.5
	自立支援給付	居宅介護（ホームヘルプ）事業	67.4
		重度訪問介護（ホームヘルプサービス）事業	53.3
		行動支援事業	17.3
福祉サービス利用援助		日常生活自立支援事業	37.8
当事者（家族）の会の組織化・運営援助		進退障害児者（家族）の会	62.3
		知的障害児者（家族）の会	56.5
		精神障害児者（家族）の会	30.5
		認知症高齢者（家族）の会	15.4
		ひとり暮らし高齢者の会	15.4
		ひとり親（母子）家庭の会	42.4
		ひとり親（父子）家庭の会	5.0
団体事務		共同募金支会または分会	92.0
		老人クラブ連合会	49.0
子ども・子育て家庭支援		ファミリーサポート事業	13.9
		学童保育（放課後児童健全育成事業）	15.2
		こども会・こどもクラブの組織化・運営支援	16.1
		児童館・児童センターの運営	11.2
その他		小規模作業所等の運営	8.9
		移動支援事業（地域生活支援事業）	39.8
		高齢者、障害者等を対象にした悪質商法防止のための活動	28.2
		食事サービス	57.5
		移送サービス	45.9

出所：全国社会福祉協議会調べ

◆生活福祉資金貸付制度

対象となる世帯

低所得者世帯	所得が低く、金融機関などからの資金の借り入れが困難な世帯
障害者世帯	身体障害者手帳、療育手帳、精神障害者保健福祉手帳の交付を受けた人がいる世帯
高齢者世帯	日常生活で療養や介護を要する65歳以上の高齢者がいる世帯
失業者世帯	家計を支える人の失業により、生計の維持が困難となった世帯

活用できる資金の例

資金の種類	利用目的	貸付限度額	貸付利子
福祉資金	**福祉費** ・結婚、出産、葬祭などに際して必要な経費 ・住居の移転に際して必要な経費 ・給排水設備、電気設備、暖房設備を設けるのに必要な経費 ・就職や技能習得に必要な支度をする経費 ・その他、低所得世帯が日常生活上、一時的に必要な経費	500千円以内	年3%
修学資金	**修学費** ・子どもが高等学校や大学に就学するために必要な経費 **就学支度費** ・子どもの高等学校や大学などへの入学に際し、必要な経費	修学費は月額で 高校：35千円以内 高専：60千円以内 短大：60千円以内 大学：65千円以内 就学支度費は 500千円以内	無利子
療養・介護等資金	**療養費** ・世帯内の家族（高齢者を含む）が療養するのに必要な経費および療養期間中の生計維持に必要な経費 **介護等費** ・世帯内の家族（高齢者、障害者を含む）が障害者自立支援法による障害者サービス、介護保険法による介護サービス等を受けるのに必要な経費およびその期間の生計維持に必要な経費	1,700千円以内　※療養期間は1年の場合。療養期間が1年6か月迄で、必要と認められる場合は2,300千円以内	無利子
緊急小口資金	緊急かつ一時的に生計の維持が困難となった場合に貸し付ける小額の資金 ・医療費や介護費の支払 ・火災等被災 ・その他やむを得ない理由があるとき	100千円以内	年3%

出所：「政府広報オンライン」より作成

4-7 日常生活自立支援事業

具体的な支援は専門員と生活支援員が行なう

日常生活自立支援事業 2000年に施行された**介護保険法**、同年に改正された**社会福祉法**などにおいて、契約主義・情報開示などにより、それまでの福祉制度に比べて利用者本位の視点が充実しました。

一方で認知症高齢者・知的障害者・精神障害者など、判断能力が十分でない人にとっては、どうやって契約行為を行なうのかといった別の問題が生じてきます。そこで講じられてきたのが、権利擁護というしくみであり、国庫補助事業の「**日常生活自立支援事業**」が発生しました。都道府県・指定都市社会福祉協議会が実施主体、市区町村社会福祉協議会が実務を担っています。

日常生活自立支援事業 認知症高齢者、知的障害者、精神障害者などの福祉サービスの利用契約に立ち会ったり、日常の金銭管理や通帳等の管理についての相談に応じ取扱いを支援します。そして、地域で安心して住めるように利用者の自己決定を助けます。また、そのような利用者は権利侵害、振り込め詐欺や悪徳商法などの被害にも遭いやすい状況にあるので「地域での見守り体制づくり」といった視点も欠かせません。

日常生活自立支援事業に携わる相談援助職 利用者へのサービス提供など具体的な支援については、専門員と生活支援員が携わります。1人の利用者に、必ず専門員と生活支援員が1人ずつ担当するのです。

専門員は相談受付後、訪問して調査をし、支援計画を作成したり契約締結を行なう職員で、契約後も関係機関との調整などを行ないます。だいたいは社協の常勤職員が専門員を担当します。生活支援員は、専門員が作成した支援計画に基づき、利用者への直接の支援を行ないます。支援の終了ごとに、活動した内容を専門員に報告します。生活支援員には特別な要件はありませんし、多くの登録者が求められています。成人で一定の研修を受けた人が、**社会福祉協議会**に登録して非常勤で活動できます。

◆日常生活自立支援事業の例
（福祉サービス利用援助事業）

> 定期的な訪問により、福祉サービスの利用手続きや、日常生活費の管理を手伝う

利用できる人

- 高齢や障がいのため、日常生活上の判断に不安のある人
- 医師による認知症の診断や、療育手帳・精神障害者保健福祉手帳の有無は問わない

  ただし、契約によるサービスのため、契約締結が可能な判断能力が必要となる
- 判断能力が低下している場合でも、成年後見人等との役割分担を明確にすることで、利用が可能となる場合がある

サービスの内容

①日常的な生活支援サービス（基本サービス）
- 福祉サービスの情報提供や利用の手伝い
- 本人宛に送付される書類などの内容の確認　など

②選択サービス

金銭管理サービス
- 公共料金などの支払い
- 預金を金融機関で払い戻すなど、日常生活費の管理のお手伝い

財産保全サービス
- 年金証書、定期預金通帳など、普段使わない大切な書類等の銀行貸金庫での預かり

サービスのしくみ

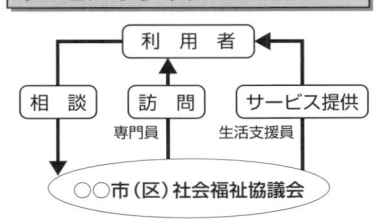

```
         利 用 者
   ┌───→   ↑   ←───┐
   │       │       │
  相 談   訪 問  サービス提供
         専門員   生活支援員
   │       │       │
   └───→ ○○市（区）社会福祉協議会 ←───┘
```

- 専門員が訪問して、「契約締結ガイドライン」に基づく面談のうえ、本人の契約能力の有無を見極める。その後、ご本人とサービスの内容を話し合い、支援計画を立てて契約を結ぶ
- 契約後は、登録されている「生活支援員」が支援計画に基づいてサービスを提供する

利用料金

①サービス1回（1時間程度）の利用
- 1,200円と生活支援員の交通費
  （生活保護を受けている方は無料）

②財産保全サービスの利用
- 年間3,000円（貸金庫の料金として）

◆平成21年度　対象者別契約の状況（全国社会福祉協議会調べ）

対象者	認知症高齢者など	知的障害者など	精神障害者など	その他	計	うち生活保護
契約件数	5,749	1,431	1,736	518	9,434	3,663
構成比（％）	60.9	15.2	18.4	5.5	100	38.8

出所：「平成23年厚生労働白書」より作成

4-8 福祉事務所の仕事

> 被保護世帯の4割超が高齢者なため、介護との連携性が高まっている

福祉事務所　社会福祉法第14条にある「福祉に関する事務所」を意味し、**福祉六法**（生活保護法、児童福祉法、母子及び寡婦福祉法、老人福祉法、身体障害者福祉法及び知的障害者福祉法）に定める援護、育成または更生の措置に関する事務を司る福祉行政の第一線機関です。**都道府県市（特別区を含む）では設置が義務づけられており、町村は任意で設置する**ことができ、地域住民の福祉を行ないます。

福祉事務所という名称は、法的に定められた名称ではなく、自治体によっては別名称の場合や、福祉事務所ではなく、役所内に組織を設置して業務を行なっている例もあります。

業務は生活保護部門と福祉5法部門に分かれており、生活保護部門は福祉6法のなかの生活保護法を、福祉5法部門はその他5法に基づく援助を行なっています。

福祉事務所の職員　福祉事務所には所長、指導監督・現業・事務のそれぞれを行なう所員が配置されています。指導監督を行なう所員と現業を行なう所員は、社会福祉主事でなければなりません。また、現業を行なう所員は**ケースワーカー**と呼ばれ、面接相談員と地区担当員に分かれます。

面接相談員　初期面接を行ない、相談者の問題点を整理します。保護補完性の原則に基づき、問題解決に向けて先に活用が考えられる制度や社会資源等を助言します。生活困窮により、経済的援助が必要と判断される場合に、面接相談員は、生活保護制度の内容について説明し、相談者に申請の意思があれば保護申請の手続きにつなげます。

地区担当員　地区担当員の仕事に家庭訪問があります。生活状況、療養態度、最低限度の生活が保障されているかなどの実態把握を行ない、利用者の自立支援に努めます。一人暮らしの高齢者が増加し、無縁社会・孤独死などが社会問題化する中、家庭訪問はより重要になっています。

◆主な配置職員

福祉事務所には、社会福祉法第15条に基づいて、次の職員が配置されている。

所員等	職務
1．所の長	都道府県知事又は市町村長（特別区の区長を含む。）の指揮監督を受けて、所務を掌理する。
2．指導監督を行う所員（社会福祉主事）	所の長の指揮監督を受けて、現業事務の指導監督を司る。
3．現業を行う所員（社会福祉主事）	所の長の指揮監督を受けて、援護、育成又は更生の措置を要する者等の家庭を訪問し、又は訪問しないで、これらの者に面接し、本人の資産、環境等を調査し、保護その他の措置の必要性の有無及びその種類を判断し、本人に対し生活指導を行なう等の事務を司る。
4．事務を行う所員	所の長の指揮監督を受けて、所の庶務を司る。

◆社会福祉主事の資格取得。

社会福祉主事は次の①から④までのいずれかの要件に該当することが必要

①大学、短期大学において、厚生労働大臣の指定する社会福祉に関する科目を3科目以上修めて卒業した者
②厚生労働大臣の指定する養成機関又は講習会の課程を修了した者
③厚生労働大臣の指定する社会福祉事業従事者試験に合格した者
④上記①から③に掲げる者と同等以上の能力を有すると認められた者として厚生労働省令で定める者

◆生活保護行政

福祉事務所の業務のなかで、もっともイメージしやすいのが生活保護行政。
年々、被保護人員は増えているものの、被保護世帯の4割以上が高齢者であるため、高齢者福祉の視点もより重要になっている

◆被保護人員

2000年（平成12年）	2004年（平成16年）	2009年（平成21年）
約107万人	約142万人	約176万人

◆2009年被保護世帯割合

(%)

高齢者	母子	傷病・障害者	その他
44.2	7.8	34.2	13.8

高齢者福祉は、介護保険制度が基本になっているため、ケースワーカーはケアマネジャーなどとの連携・調整する仕事も必須。とくに最近は、身寄りのない単身高齢者が増えているため、相談内容は多岐に及んでいる。

※出所：「平成21年度　福祉行政報告例」（厚生労働省大臣官房統計情報部編）より作成

4-9 デイサービスの生活相談員

> デイサービスと利用者・家族・地域をつなぐソーシャルワーカー

デイサービス 介護保険法に定める、指定居宅サービスに該当する**通所介護（デイサービス）**は、利用者が可能な限り居宅において、自立した日常生活が継続できるよう、必要な日常生活上の世話および機能訓練を行なうことによって、社会的孤立感の解消や心身機能の維持、利用者の家族の身体的・精神的な負担の軽減を目的としています。

通常は車による送迎を行ない、食事や入浴のほか、機能訓練やレクリエーション、趣味創作活動などを行ない、1日をいきいきと過ごすためのプログラムを用意し、サービスが提供されます。

生活相談員の業務 デイサービスは複数職種により構成され、他職種と連携しながら連絡調整を図り業務を推進するのが生活相談員です。しかし、その職務内容は制度に具体的な規定がされているわけではありません。本項では、多くのデイサービスでみられる生活相談員業務を取り上げます。

通所介護計画書や契約書 通所介護計画はケアマネジャーからの居宅サービス計画に沿いますが、実際のサービスに向けて、より具体化された内容が必要となります。生活相談員はデイサービス内での多職種と外部とをつなぐ役割を担い、通所介護計画書をまとめていきます。また利用開始時の重要事項説明書・契約書の取り交わしにも関わります。

相談業務 利用者・家族との継続した相談対応にあたります。デイサービス利用中にあった特記事項を家族やケアマネジャーに伝えたり、家での様子や他サービスでの様子を家族やケアマネジャーに確認して、デイサービス内にフィードバックします。苦情の初期対応も行ないます。

コミュニティーへの発信 **各種行事**や**外出レクリエーション**等はデイサービスには欠かせません。その際には、地域の団体・ボランティアやさまざまな人々の存在がとても貴重であり、日頃からの協力関係を構築する窓口となるのも生活相談員です。

◆デイサービス（通常規模型）でのおもな職種

管理者
- 職種／資格要件：管理の職務に従事する常勤管理者。（他の職務、または同一敷地内の他の事業所の職務との兼務が認められる）

機能訓練指導員
- 資格要件：理学療法士、作業療法士、言語聴覚士、看護師、准看護師、柔道整復師、按摩マッサージ指圧師

看護職員
- 資格要件：看護師、准看護師

介護職員
- 資格要件：介護福祉士、ホームヘルパー、その他

生活相談員
- 資格要件：社会福祉主事、社会福祉士、精神保健福祉士、またはこれらと同等の能力を有する者

※看護職員は機能訓練指導員を兼務可能

◆生活相談員Aさんのある1日

- 8:30　送迎の運転業務。利用者を迎えにいく
- 11:00　モニタリングに来訪したケアマネジャーの対応 
- 13:30　利用者の家族や関係機関の担当者と連絡調整をはかる 
- 17:00　終業間際のカンファレンスで情報共有を行なう 

これ以外にも、事前訪問面接やサービス担当者会議などで外出も多く、日々、地域を駆けめぐっている

第4章　在宅（地域）における相談機関の仕事

4-10 地域支援事業における生活援助員（LSA）

住まいと福祉をつなぐ、日常生活支援の頼れる存在

高齢者の安心な住まいの確保に資する事業　高齢者の単身者や夫婦のみの世帯が増加しており、高齢者を支援するサービスを提供する住宅の整備がきわめて重要になり、**シルバーハウジング・プロジェクト事業**がはじまりました。これは公的賃貸住宅において高齢者世帯などを対象に、身体特性に配慮した設計の住宅および緊急通報システム等の設備・施設と、**生活援助員（LSA：ライフ サポート アドバイザー）**による福祉サービスをあわせて供給する事業です。

また、2006年の介護保険法の改正では、生活援助員は「高齢者の安心な住まいの確保に資する事業」により実施されることとなり、地域の実情に応じて展開されています。

生活援助員　生活援助員とは、「**高齢者世話付住宅（シルバーハウジング）**」、「**高齢者向け優良賃貸住宅（高優賃）**」「**高齢者専用賃貸住宅（高専賃）**」「**多くの高齢者が居住する集合住宅等**」を対象に、日常生活上の生活相談・指導、安否確認、緊急時の対応や一時的な家事援助などを行ないます。

「生活援助員の業務に従事するものは、在宅介護支援センター、介護保険施設等の職員であって、市町村が適当と認めたもの」とされており、採用時および採用後の研修が義務づけられていますが、資格要件はありません。業務形態を整理すると、「①**住み込み型**、②**通勤型（派遣）**、③**通勤型（巡回）**」3つに分けられます。それぞれの特徴は次ページ図のとおりです。

サービス付き高齢者向け住宅の創設　改正高齢者住まい法が公布されたことにともない、新たに「**サービス付き高齢者向け住宅**」の創設が2011年4月、国会において成立しました。既存の複層する高齢者向けの住宅施策を統合していく動きです。ここでいう「サービス付き」の「サービス」に関する要件としては、緊急通報および安否確認サービスなど、生活援助員が取組んできたノウハウが導入されようとしているのがわかります。

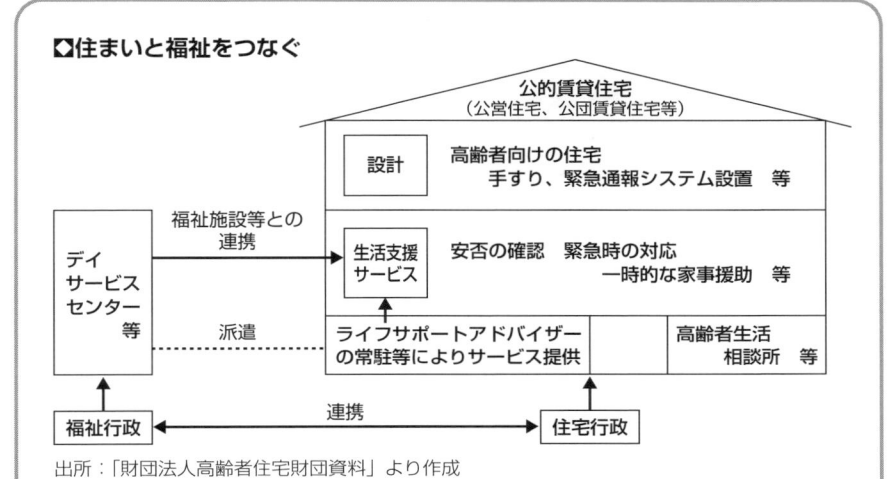

◘住まいと福祉をつなぐ

```
                            公的賃貸住宅
                      (公営住宅、公団賃貸住宅等)

                   ┌─────┬────────────────────┐
                   │ 設計 │ 高齢者向けの住宅       │
                   │     │  手すり、緊急通報システム設置 等 │
         福祉施設等との │     │                    │
         連携    ┌──┤生活支援├─ 安否の確認 緊急時の対応     │
  デイ  ─────→│  │サービス│      一時的な家事援助 等     │
  サービス       │  ├─────┴──────┬─────────┤
  センター  派遣 │  │ライフサポートアドバイザー│高齢者生活    │
    等   ─ ─ ─ ─→│  │の常駐等によりサービス提供│相談所    等 │
                  └──┴────────────┴─────────┘
    ↑                                    ↑
  ┌────┐         連携           ┌────┐
  │福祉行政│ ←──────────────→ │住宅行政│
  └────┘                       └────┘
```

出所:「財団法人高齢者住宅財団資料」より作成

◘生活援助（LSA）の業務形態の類型と特徴

①住み込み型
●生活援助員（LSA）が共に生活するため、安否の確認や相談対応が容易である
●所属先の支援や地域の保健・医療、福祉との連携によって業務量が異なる
●民生委員や自治会と関わりやすく、役割を果たしやすい
●近年、住み込み希望者が極めて限られてきている

②通勤型（派遣）
●社会福祉法人等に所属する職員が、生活援助員（LSA）として派遣される
●高齢者向け住宅居住者に限定することなく相談や支援は可能
●夜間等業務時間外の確認は機械管理に限られてくる
●福祉職等の専門職を配置することも可能
●所属先の法人や地域包括支援センターなど具体的な介護保険によるサービス等につなげやすい
●法人の考え方によって派遣される職員の力量が異なる
●保健・医療・福祉のマネジメント能力に差が生じやすい
●地域包括支援センターの法人と異なることもある

③通勤型（巡回）
●自治体ごとの独自の支援策を効率的に実施しやすい
●民間企業等社会資源等を活かしやすい
●住宅形態によらず、かつ多くの住戸支援を行うことができる
●高齢者のニーズの積極的な発見にはつながりにくい
●サービス利用状況や高齢者の状態などの情報に限りがある
●サービス提供機関等とのネットワークは期待しにくい
●生活援助員としての専門性や総合力は期待しにくい
●システムの構築が重要となる

出所：財団法人高齢者住宅財団「生活援助員等業務ハンドブック」(平成18年10月改訂版)より作成

COLUMN
介護・福祉の仕事への思い ❹

　仕事を通じて、「1人はみんなのために、みんなは1人のために（One for all All for one）」という言葉を実感します。
　あるデイサービスの生活相談員は、「利用者の中には、『わしゃ、そんなとこには行きたくない』とデイサービスを拒否する人もいます。しかし、相談援助者として"粘り強く"訪問面接を続けて、数か月してからようやく通ってもらえるようになり、なかにはデイサービスが生き甲斐となる人がいるのです。もしかすると、その利用者は閉じこったままだったかもしれません。利用者の生活を豊にしていくことを積み重ねることが、私の仕事のやりがいです」と、仕事のやりがいを見出しました。
　また、あるケアマネジャーは「在宅介護は、本人・家族・介護事業所や医療機関はじめ、さまざまな機関や人が連携してチームをつくります。それは利用者ごとに違うのですが、チームワークが利用者・家族の安心感につながったとき、地域のなかで『ともに生きる』という、格別な思いを感じられる仕事です」と述べています。
　このように、在宅の相談業務には多種あり、資格や年齢を問わず、多くの人材が求められているのです。

第5章

訪問介護の仕事

自宅で生活する人の介護をする仕事

5-1 訪問介護とは？

> わが家での暮らしを支える役割を果たすもっとも身近な存在

日常生活の援助　訪問介護とは、介護保険法における居宅サービスの1つで、ホームヘルパーまたは国家資格をもつ介護福祉士が、自宅で暮らす要介護認定（要介護1〜5）を受けた高齢者の自宅に訪問し、日常生活上の援助を行なうサービスです。

訪問介護の担い手は、一般的にホームヘルパーと呼ばれていますが、介護保険制度上、正式には「**訪問介護員**」といわれており、ホームヘルパー養成研修修了者です。

いままでの暮らしを支える　私たち人間の暮らしは、家族・ご近所・病院・友人・商店等、幅広い人との関係のなかで互いに触れ合いながら続けられるもので、決して1人で成り立つものではありません。病気や障害によってお付き合いが減ってしまったとしても、周囲からの見守りや援助があったならば住み慣れた地域やわが家で暮らしを続けることは可能です。

日本では「病気で思うように動けなくなっても、身体の調子に不安を抱えていても、施設や病院に入らず住み慣れたわが家で暮らしていきたい」と願う高齢者がたくさんいます。また、その高齢者を介護する家族も「できるだけ自宅で過ごさせてあげたい」と考えています。この願いや思いは昔もいまも変わりません。

そこで、自宅を訪問し身体に関することや生活上の援助等、高齢者がもっている力を最大限に発揮しながら日常生活が営むことができるようお手伝いをする訪問介護が必要となるのです。

介護保険法に訪問介護は「その有する能力に応じ、自立した日常生活が営むことができるように」と明記されていますが、高齢者1人ひとりが「住み慣れた自宅で、その人らしく生きる」が継続できることや生活上の援助や心身両面の活性化を図る役割が訪問介護には求められています。

◨生きる意欲をなくした日々からその人らしい生活を取り戻したケース

高齢者がゴミの山に埋もれていた理由

リストラや身体的機能の衰え⇒社会とのつながりの断絶⇒誰も来ない⇒淋しい
⇒アルコールに依存⇒掃除をしない・風呂に入らない⇒人に会いづらくなる
⇒会えなくなる⇒孤独⇒意欲喪失・不安（悪いスパイラル）

何度も訪問して解決する

1日目 … 話してもらえないので、「火に注意してください」など、簡単な声掛けだけで終わる

2日目 … 具体的な話をいくつか出して様子を見る

「また来ました。お加減いかがですか？」
　　⇒「だいじょうぶ。でもゴミを片付けたい」
「手伝いましょうか？」⇒「今日はいい」
「こんにちは。調子悪そうですね。医者行きましょう」
　　⇒「どうせ行ってもアルコールやめろと言われるから、今は絶対行かない」（強い口調）
「調子はどうですか？」
　　⇒「悪くない。片付けを考えている」
「ストーブ周りだけでも危ないから今やりましょうか？」
　　⇒「ん？　いいっ！」（怒り気味）
「調子はどうですか？」
　　⇒「ゴミを捨てたい。ゴミ袋を買ってきてほしい」

話せるようになったら…

ゴミを一緒に毎日1時間づつ一緒に片付けを実施。
　　⇒「布団も着替えも処分するので、物品を買ってきてほしい」
「こんにちは。落ち着きましたか？」
　　⇒「食べ物を買ってきてもらいたいが、駄目だろうか」
「調子はどうですか？」
　　⇒「自分の身体が臭くて。あんたたちにも迷惑だろうから風呂に入ったよ」（たしかに肌がきれいになっている。しかし、ふらつきのある身体で大丈夫だったのだろうか…と心配になる）
「何か困っていることはありませんか？」
　　⇒「酒とつまみじゃなくて、ちゃんとした食事を摂りたいが、買い物や台所は足がしっかりしないと少しむずかしいのだけれど…」

援助の結果
- 洗濯や掃除など衛生面が整った
- 拒否していた医療を受けることができた
- 食生活の改善
- 断酒会への参加

住み慣れた自宅で、本人らしい生活ができるようになった

5-2 訪問介護の働き方

働く場所は利用者の自宅だが、働き方や所属先はさまざま

ホームヘルパーの所属先 ホームヘルパーが所属する訪問介護事業所には「区や市町村等の公的機関」「社会福祉法人」「社会福祉協議会」「民間企業」「協同組合やNPO法人」があります。

訪問介護サービスの提供形態 訪問介護サービスの提供形態として、**滞在型**と**巡回型**があります。滞在型とは、一定の時間自宅に滞在して行なうサービス形態であり、まとまった時間を必要とする生活援助や入浴の介助等が挙げられます。

巡回型（24時間訪問介護）とは、早朝や深夜を含む24時間を通して、1日に何回かに分けて自宅に訪問するサービス形態であり、短時間（30分未満）で回数を多く必要とするおむつ交換や水分補給や体位の変換（寝返り）の介助等が挙げられます。

ホームヘルパーのおもな働き方 ホームヘルパーは、**登録型**と**常勤型**に分けられます。登録型では、所属の事業所からあらかじめ利用者宅への訪問・サービス内容等の指示を受け、自宅から利用者の家に行き、サービス提供が終わったら自宅に帰ります。事業所によっては、事業所に立ち寄って報告書を記入する場合もあります。

常勤型では、事業所に出勤し、拘束時間（約8時間）のなかで、利用者宅へ何件も訪問しサービス提供を行ないます。

ホームヘルパーの求人 新聞の求人広告やコンビニ等にある地域のチラシなどで探すのもよいかと思いますが、都道府県の福祉人材センターやハローワークで求人登録をする方法があります。介護サービス事業を展開している民間企業のホームヘルパー養成講座の修了後、その企業の訪問介護事業所で働くといった形が現在は多いようです。

自分の働きのスタイルと希望する労働条件に合った事業所を選択するのがよいでしょう。

◘訪問介護事業所の要件

法人格を有していること	社会福祉法人、医療法人、株式会社、有限会社、生活共同組合、農業協同組合、特定非営利法人　など
人員基準を満たしていること	a）常勤換算で2.5人以上の訪問介護員（介護福祉士・ホームヘルパー1〜3級　看護師　準看護師）がいること
	b）1人以上の常勤のサービス提供責任者を置くこと
運営に関する主な基準	・居宅サービス計画に沿ったサービス提供 ・徴収できる利用料の説明と同意 ・訪問介護計画書の作成 ・緊急時対応 ・利益供与の禁止

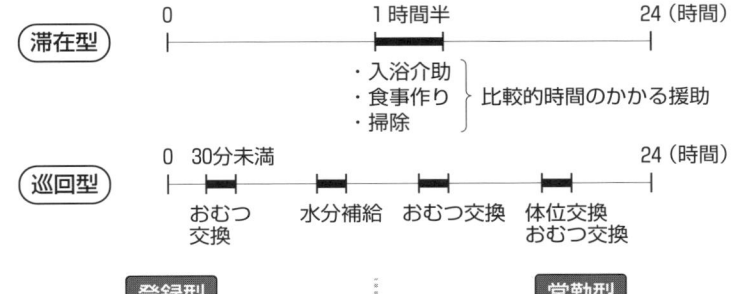

滞在型　0　　　　1時間半　　　　　　　24（時間）
　　　・入浴介助
　　　・食事作り　　　比較的時間のかかる援助
　　　・掃除

巡回型　0　30分未満　　　　　　　　　24（時間）
　　　おむつ交換　水分補給　おむつ交換　体位交換・おむつ交換

登録型
・事務所からあらかじめ訪問先のリストや情報をもらっておく
・事務所のやりとりは電話・FAX・メール等

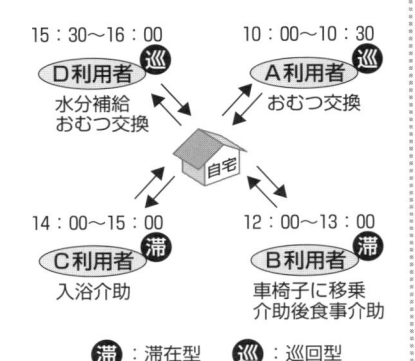

15：30〜16：00　　　10：00〜10：30
D利用者（巡）　　　A利用者（巡）
水分補給　　　　　おむつ交換
おむつ交換

14：00〜15：00　　　12：00〜13：00
C利用者（滞）　　　B利用者（滞）
入浴介助　　　　　車椅子に移乗
　　　　　　　　　介助後食事介助

（滞）：滞在型　　（巡）：巡回型

常勤型
・おおよそ8時間拘束
・次の訪問先に遅れないように時間が組んである

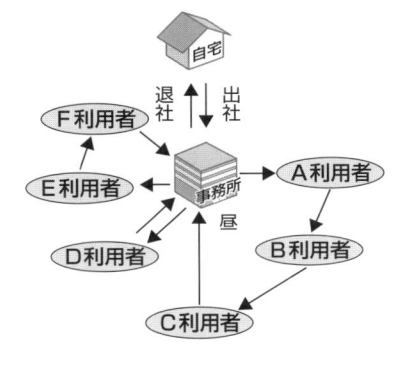

自宅　退社 ↑ 出社
F利用者
E利用者　　事務所　A利用者
D利用者　　　昼　　B利用者
　　　　C利用者

5-3 訪問介護の仕事①

> 生活の基礎を整え、暮らしの安定を図り、衛生面や病気予防の意味ももつ

身体の介護に関する援助　日常生活の動作（ADL）が困難な高齢者（以下、利用者）に対して身体に直接触って行なう介護や見守りなどの援助をいいます。

生活援助　日常生活の動作（食事や排せつや入浴等）は何とかできるものの、毎日の家事等を行なうことがむずかしくなった場合、「生活援助」というお手伝いが必要になります。具体的には、掃除や洗濯・調理・買い物等の援助をいいます。掃除がうまくできなくなると、ほこりがゴミや溜まり不衛生な環境になってきます。

洗濯が滞ると清潔な衣類を着て過ごすことができず、身体の衛生面に支障が出てきます。調理ができなくなると、三食規則正しく食事ができなくなるばかりか、バランスよい食生活も保てず、健康を悪化させてしまう可能性も出てきます。

利用者がいま必要としている行為だけではなく、『なぜその援助が必要なのか』を考えながら仕事をすることも大切となります。

通院等乗降介助　要介護1〜5までの利用者が病院への通院をするとき、ホームヘルパーと普通2種免許の資格をもつ運転手が、乗降の介助や病院手続き等のお手伝いを行ないます（タクシー代は実費）。一般的に**介護タクシー**と呼ばれています。

介護予防訪問介護　要支援者（要支援1・2）の利用者がサービスを受けられる訪問介護です。介護予防訪問介護では、身体介護と生活援助の区別はなく、利用者が調理や掃除など、自分でできることが増えるようにするための援助を行ないます。あくまでも利用者の自立を促進するための援助に位置づけられています。

ホームヘルパーの援助が利用者の毎日の生活にどんな影響をもたらし、変化していくのかを想像しながら援助するとわかりやすいと思います。

◻身体介護（おもなもの）

食事の介助	食事を1人で食べることがむずかしい人に付き添って、食事を口に運ぶまたは利用者が自分で食べ物を口に運ぶことができるように手伝う、噛むこと・飲み込むことを見守る等、また姿勢の確認等を行なう
トイレの介助	トイレまで一緒に行き、衣類の上げ下げや排尿・排便を確認、拭くなどの一連の行為を援助する
入浴の介助	衣類やタオルの準備、洗顔・洗髪や身体洗い、浴槽の出入り等、入浴に危険がないように見守ったり一連の行為を援助する
おむつ交換	汚れたおむつから新しいおむつに交換する
衣類の着脱（ちゃくだつ）介助	下着・日常着・寝巻・外出着の着替えの援助をする
移動や移乗の介助	布団やベッドから起き上がることや・椅子に座ることを手伝う。車いすを押す。歩いて行きたい所まで付き添う

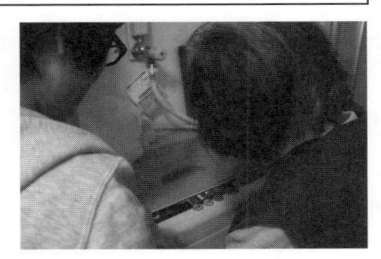

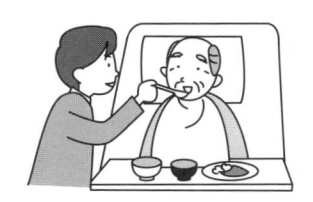

第5章 訪問介護の仕事

5-4 訪問介護の仕事②

利用者本人の日常の生活に関わる事柄のみ手伝う

本人に関わることのみ　訪問介護では、家のことを何でもお手伝いできるわけではありません。家政婦さんは家族やその家すべてに関わることを仕事として行ないますが、訪問介護で行なうことができるのは、利用者本人の日常の生活に関わる事柄に限られ、範囲が決められているのです。

　実際の訪問介護のもととなるのは、**ケアマネジャー（介護支援専門員）**のつくる**居宅サービス計画書（ケアプラン）**です。ケアマネジャーは利用者と相談しながら、どのような暮らしを続けていきたいか生活の問題点を分析し、その課題を解決するための介護の目標等を記した居宅サービス計画書を作成します。この計画書には、訪問介護だけではなく、利用者1人ひとりが必要とする介護サービスすべてが記載されていますので、訪問介護も介護サービス関連機関の一員であるということが、この居宅サービス計画書では明確になっています。1人の利用者の日常生活に関わっているというチーム連携を保ちたいものです。

訪問介護計画書　訪問介護計画書の様式は決められていませんので、各事業所が独自に工夫して作成してもよいことになっています。そのため、訪問介護事業所の責任者（**サービス提供責任者**）は居宅サービス計画書にもとづき、利用者の生活全体の状況や希望を考慮し、訪問介護の具体的サービス内容や援助方法や手順を記載した訪問介護計画書をつくります。ホームヘルパーの仕事は、その訪問介護計画書にそって実施することになります。1人の自宅に数名のホームヘルパーが交代で訪問することもあるので、統一した目標や方法がなければ、「私流」でしか仕事ができないので、場当たり的な援助ではなく、目安がなければならないのです。訪問するホームヘルパーによってバラバラに関わることは、「あのヘルパーさんはこうやったけど、このヘルパーさんは違うやり方で嫌だわ」など、利用者自身が混乱する要因をつくってしまうことになりかねません。

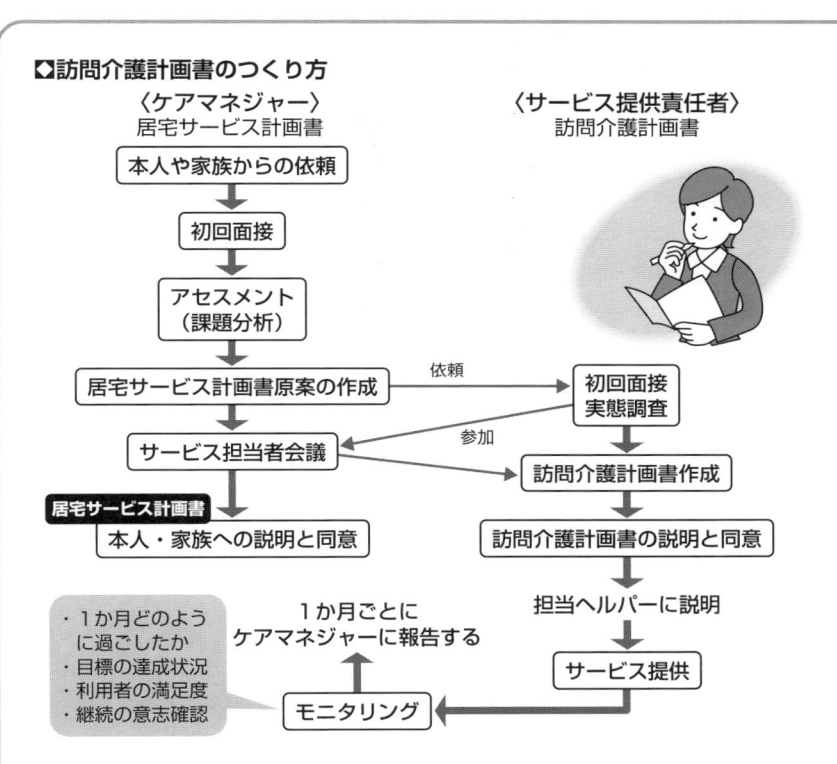

◘訪問介護計画書のつくり方

〈ケアマネジャー〉
居宅サービス計画書

〈サービス提供責任者〉
訪問介護計画書

本人や家族からの依頼
↓
初回面接
↓
アセスメント
（課題分析）
↓
居宅サービス計画書原案の作成 —依頼→ 初回面接 実態調査
↓ ←参加— ↓
サービス担当者会議 訪問介護計画書作成
↓ ↓
居宅サービス計画書
本人・家族への説明と同意　　訪問介護計画書の説明と同意
　　　　　　　　　　　　　　　↓
　　　　　　　　　　　　　　担当ヘルパーに説明
　　　　　　　　　　　　　　　↓
　　　　　　　　　　　　　　サービス提供
　　　　　　　　　　　　　　　↓
　　　1か月ごとに
　ケアマネジャーに報告する
　　　　　　　↑
・1か月どのように過ごしたか
・目標の達成状況
・利用者の満足度　→ モニタリング
・継続の意志確認

◘一般的に介護保険の生活援助の範囲に含まれないと考えられる事例

1．「直接本人の援助」に該当しない行為
　　主として家族の利便に供する行為または家族が行うことが適当であると判断される行為
　　　・利用者以外のものに係る洗濯，調理，買い物，布団干し
　　　・主として利用者が利用する居室等以外の掃除
　　　・来客の応接（お茶，食事の手配等）
　　　・自家用車の洗車・清掃　等

2．「日常生活の援助」に該当しない行為
(1)訪問介護員が行わなくても日常生活を営むのに支障が生じないと判断される行為
　　　・草むしり
　　　・花木の水やり
　　　・犬の散歩等ペットの世話　等
(2)日常的に行われる家事の範囲を超える行為
　　　・家具・電気器具等の移動，修繕，模様替え
　　　・大掃除，窓のガラス磨き，床のワックスがけ
　　　・室内外家屋の修理，ペンキ塗り
　　　・植木の剪定等の園芸
　　　・正月，節句等のために特別な手間をかけて行う調理　等

出所：「平成12.11.16老振第76号・厚生省老人保健福祉局振興課長通知」より作成

5-5 訪問介護に必要とされること①

「利用者が望む、その人らしい暮らしに向けて」が援助の基本

いままでどおりを実現　私たちは、自分なりの生活スタイルや価値観をもって生活しています。誰の手助けも必要とせず、映画やカラオケにも行き、食べたい物も自分で決めることができます。起きる時間も入浴も自分で選択できます。これからの夢も自由にもつことができるでしょう。

しかし、病気やけがで、他者からの手助けが必要となったとき、その生活はいままでとはまったく違うものになります。誰かの手助けがなければ行動したいときにできないもどかしさや、何かを決めてもそれを実行できなければ辛いと思いませんか？　病気やけががあっても、いままでどおり自分なりの生活を楽しむことができたらどんなによいでしょう。

高齢者も同様なのです。いきいきと毎日を過ごすためには、"自分らしく"暮らすことが重要なのです。しかし、若い人たちと違い、介護が必要になると人づきあいも外出もおっくうになったり、生きている意味さえも感じなくなる人もいます。訪問介護は、高齢者が自信や意欲を取り戻し、いままでどおりの豊かな暮らしを守るお手伝いをすることなのです。

生活の主体者　訪問介護は家事の代行ではなく、利用者が自発的に自分で自分の身のまわりのことや家事行為をたくさんできるよう援助し、それぞれの暮らしの質が高まるように、利用者の意思を大切にしていきます。「生活の場での援助である」を念頭におき、いままで続けてきたその方なりのやり方を尊重し、誰が主体者であるかを常に意識するとよいでしょう。

対等な関係　みずからが生活意欲を高めていけるようにする援助が好ましい姿ですが、依存的な利用者も少なくありません。それに応じようとするがために、必要な援助が見えなくなります。「お世話をしてあげている」という感覚に陥りやすいのも事実です。あくまでも利用者とホームヘルパーは対等な関係であることを意識し、みずからを振りかえる時間もときには必要となるでしょう。

◘訪問介護での援助における会話の例

1 利用者の生活習慣や生活歴、価値観を重視し、これからのこんな風に暮らしたいと望む生活を実現していくように生活を支える。

「年をとって身体も動きにくくなったけど、また釣りに行きたいなぁ～。足腰を鍛えなきゃ。ヘルパーさんとまずは買い物に歩いていくことから始めてみよう」

2 利用者が自分でできることは自分でできるよう意欲を引き出す。もっている力を発揮できるよう援助する。

「調理なんて俺はしないよ。弁当買えばいいんだよ」
➡「人参の皮むき？ そのくらいできるよ。野菜も洗えるさ。そんなに上手だってほめないでくれよ～。小さいときに母親の手伝いで包丁くらいはできるんだ。なかなかいい手付きだろ？ ヘルパーさん、わかりやすく教えてくれるからさぁ。おっ！ カレーって簡単なんだな。明日は野菜炒めだ！」

3 病気になったり歳をとることで、生活が消極的になったり、閉じこもりやすくなったりしますが、それを少しでも乗り越えて生きていく喜びを一緒に見つけていく。

「世間の目もあるし、私なんて迷惑かけるばかりだし。このまま静かにじっと家の中で過ごしていたいわ。どこにも出掛けたくない」
➡「何でそんなにいろいろ聞き出してくれるの？ 本音を言っちゃいそうよ。何か楽しみ？ 全然無いわよ……そんなに私のことを考えてくれるなんて嬉しい。私は１人じゃない気がしてきたわ」

5-6 訪問介護に必要とされること②

> 小さい変化を伝える役割を担い、利用者の行動や生活習慣を見極める

小さな変化も見逃さない　ホームヘルパーは、利用者の暮らしにもっとも身近にいる存在であるため、利用者の「いつもと違う」といった状態や状況の変化を察知することが可能です。

たとえば「落ち着きがない、顔色が普段と違う」という身体の異変や「家具の位置が違う、見慣れない高額商品が置いてある、ゴミが散乱している」など、普段訪問しているときとどこかが違うという利用者の些細な変化をすばやく知ることが非常に大事となります。

突然大きな病気に襲われている兆候かもしれませんし、いままでまったくなかったのに、トイレの失敗で下着を汚してしまい、そわそわしているのかもしれません。悪徳商法にだまされていることもあるでしょう。**ホームヘルパーは小さい変化を家族や医師・看護師や介護支援専門員に伝えるという大きな役割をもっています。**

生活習慣を大事にする　「身体介護」には食事介助という介助がありますが、食事を完了することだけのお手伝いではないのです。『食べる』には"口に運ぶ→噛む→飲み込む"という行為があります、その行為自体は誰でも同じですが、人それぞれ食べる速さも順序も味わい方も違います。利用者本人の自然な動作とその人自身の"食べ方"を尊重しながら介助することが大切です。若い人は理解できないかもしれませんが、ごはんを食べた茶碗でお茶や湯を飲む習慣の方がいます。お米を一粒たりとも残してはいけないという価値観がそこにあるのです。

「生活援助」の中の掃除では、掃除機をかけるだけで終了ではありません。家事にはその家のルールがあり、習慣も違います。さまざまな方法がありますが、それこそが利用者の"やり方"なのです。むずかしいことではありません。自分の固定観念にとらわれず、その家なりのやり方を理解し、利用者の気持ちをわかろうとする姿勢を持ちながら、援助していくのです。

◘利用者を理解していない悪い例

(調理の例)

利用者 → 薄味にしてほしい／義歯（入れ歯）

ヘルパー → 濃い味（自分好み）／硬さの配慮なし　「任せてくださ〜い！」

↓

食欲をそそる彩りと盛り付け（素材の形や色はいかされているが…）

↓

不満足：大きすぎて、かみにくい、濃すぎる味付け

満足

※逆に、飲み込みも歯も悪くない利用者に高齢だからという理由だけで、小さく切りすぎた料理を提供し、がっかりさせてしまうこともある。

高齢者のお宅に訪問すると、ベランダや襖・食器棚の戸が3センチほど、常に開いていることがあります。
「指先に力が入らなくなり、隙間なく閉めてあると開けにくい」という理由からだそうですが、そういったことも知らずにぴったりと閉めてしまうと、あとから利用者はとても困ります。家庭によってルールは異なります。

(介助の例)

入浴介助

【ヘルパー側の順番】
シャワー ⇒ 洗顔 ⇒ 洗髪 ⇒ 身体洗い ⇒ 湯船につかる

→ **満足できない**
全部洗ってくれたけれども、何だか入った気がしない。
動きが遅いけれども、待っていてくれれば自分で洗えるところもあるんだけど…

【利用者の順番】
シャワー ⇒ 身体洗い ⇒ 洗髪 ⇒ 洗顔 ⇒ 湯船につかる

→ **満　足**
気持ちよかった！　ゆっくりな自分の動きを待ってくれて、自分で届く場所は洗えたし。
次の風呂の日が楽しみだ。

着脱介助

【ヘルパーの声】
「はい、手を通して、次は足ですよ！　ボタンかけますね〜。はいでき上がり！」

【利用者の声】
・何だかロボットみたい。全部やってもらわないと私はもう動けないのかしら。背中が出てるのか、ス〜ス〜するわ。シャツはズボンの中に入れてほしいと思うけど…。
・脇の下の辺りがゴロゴロしている…。

5-7 訪問介護の需要と向上心

訪問介護はますます必要とされる

幅広い年齢層が働く　訪問介護はホームヘルパーや介護福祉士の資格があれば、契約や派遣・パートタイマーという、自分の生活スタイルに合わせたさまざまな雇用形態で働けるという利点があり、幅広い年齢層の方が働いています。

自宅にうかがい、身体のことや家事を手伝ってもらうので、利用者はある程度の人生経験豊かな年齢層のホームヘルパーを好むのかというと、そうでもないようです。

「若い人がきてくれると元気が出るわ」「料理を教える大変さはあるけれども、何だかその時間はとってもウキウキできるのよ」など、利用者自身が"人生の先輩という役割"を実感できるのかもしれません。

時代にあわせて必要不可欠なものに　日本の高齢化の進行とともに、要介護高齢者数も増加の一途をたどるといわれています。そのなかで、高齢者の"住み慣れた地域でずっと暮らしたい"といった願いを現実のものとしていくためには、訪問介護は引き続き必要不可欠な存在となっていきます。

また、現代社会において各個人の生活スタイルの変化とともに、就労によって両親の介護を続けられない子どもたちの増大や核家族や**老老介護（介護する人も高齢者）という現象も増え、訪問介護（ホームヘルパー）の需要はますます高まっており、今後も必要性は拡がっていくと思われます。**

訪問介護の存在は社会的に大きな役割をもっており、1人ひとりの利用者がそれぞれふさわしい生活を継続していくための技術の向上や知恵を活用した工夫が積極的に求められていくことでしょう。

●介護施設数、介護職員等の推移

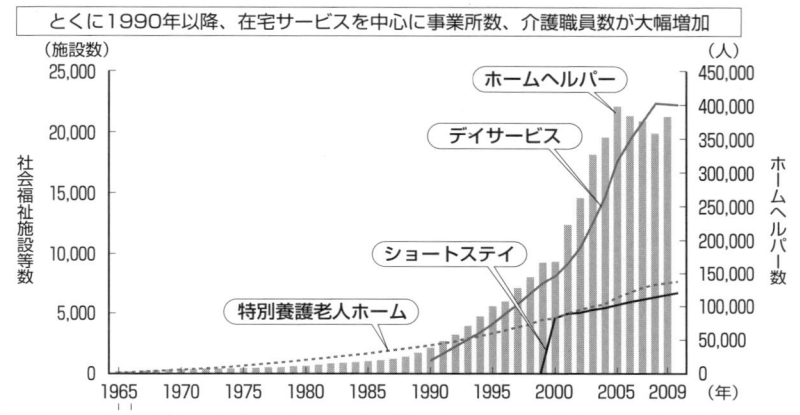

とくに1990年以降、在宅サービスを中心に事業所数、介護職員数が大幅増加

注：1）2009年は調査方法の変更等による回収率変動の影響を受けているため、数値を示す施設数の実数は2008年以前との年次比較に適さない。
2）ホームヘルパーについて、1999年までは「社会福祉行政業務報告」、2000年以降は「介護サービス施設・事業所調査」による。
3）特別養護老人ホームについては「社会福祉行政業務報告」による。
4）デイサービスセンターについては「介護サービス施設・事業所調査」において「通所介護」として把握した数値。
5）ショートステイについては、1999年以前は「社会福祉施設等調査」において「老人短期入居施設」として把握した数値であり、2000年以降は「介護サービス施設・事業所調査」において「短期入所生活介護」として把握した数値。

出所：厚生労働省大臣官房統計情報部「社会福祉行政業務報告」、「介護サービス施設・事業所調査」、「社会福祉施設等調査」より作成

●要介護状態区分別にみた訪問介護内容類型別受給者数の割合

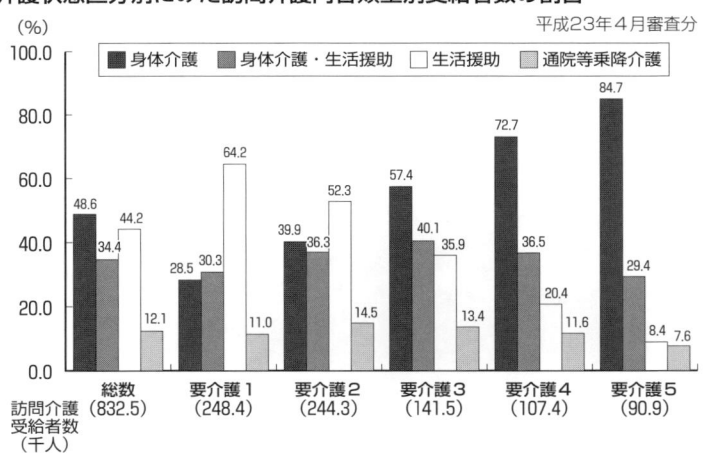

平成23年4月審査分

凡例：■身体介護　■身体介護・生活援助　□生活援助　■通院等乗降介護

訪問介護受給者数（千人）	身体介護	身体介護・生活援助	生活援助	通院等乗降介護
総数 (832.5)	48.6	34.4	44.2	12.1
要介護1 (248.4)	28.5	30.3	64.2	11.0
要介護2 (244.3)	39.9	36.3	52.3	14.5
要介護3 (141.5)	57.4	40.1	35.9	13.4
要介護4 (107.4)	72.7	36.5	20.4	11.6
要介護5 (90.9)	84.7	29.4	8.4	7.6

注：1）訪問介護内容類型別受給者数の割合は、（内容類型別の実受給者数／訪問介護受給者数）である。
2）「身体介護・生活援助」とは、身体介護に引き続き生活援助を行った場合をいう。
3）総数には、「経過的要介護」を含む。

出所：厚生労働省「平成22年度　介護給付費実態調査の概況」より作成

第5章　訪問介護の仕事

5-8 ホームヘルパーに向いている人

人と人との関係で成り立つ仕事なので、信頼関係が大事

向いている人 ホームヘルパーになる動機は、「お年寄りが好き」「人の役に立ちたい」「介護をやってみたい」など、何でもよいと思います。たとえば、利用者が生きてきた時代や青春の頃に思いをめぐらせ、はやっていたことは何だろう、どんな遊びに興じていたのだろうと知りたいという意欲をもつ人でもよいでしょう。ホームヘルパーとしての役割を果たすためには、高齢者の心身上の特性や医療の知識など、最低限知っておくことも大変重要です。

守秘義務 1つだけ"秘密を守れない人"はちょっと向いていないかもしれません。さまざまな家庭を訪問し、利用者からたくさんお話も聞きます。生活歴や価値観を知るなかでは、利用者が人には言いたくない事柄も含まれているかもしれません。仕事が終わった後、利用者のご近所や自分の友人・家族に「あのね、ここだけの話ね」は、絶対禁止です。

信頼関係 自宅への訪問を重ねると、"信頼関係"が生まれてきますが、同時に"慣れ"も生じます。"慣れ"は仕事のなかで油断や甘えを招くことも出てきますので、「お仕事だ」と常に自分を制御できるとよいかもしれません。

訪問介護の喜び ホームヘルパーは「利用者の生活や思いに接する一番身近な存在」であり、「高齢者1人ひとりがその人らしい日々の暮らしを続けるための援助者」です。

訪問介護は「できないことが1つでも増えることへの喜びを一緒に感じ合えること」「互いに同じときを過ごしながら、気持ちが通じ合えること」「ぬくもりが生まれる」等、利用者と共に豊かな喜びを感じることができる仕事だと思います。高齢者に少しでも"自分らしく生きている"と実感していただけたとき、その人の不安や苦痛は軽減されているのではないでしょうか。

◧お年寄りとの会話の例

掃除を一緒にはじめるために

ヘルパー「今日は寒いですね」
利 用 者「寒いわね～」
ヘルパー「○○さんは夏と冬どちらが好きですか？」
利 用 者「夏だわね」
ヘルパー「どうしてですか？」
利 用 者「意味はないわよ。誕生が8月だからね」
ヘルパー「（事前に情報は持っていたが）8月なんですか。だからひまわりっていうイメージなんですかねぇ。いつもキラキラ輝いている感じが伝わってくるのですが…」
利 用 者「何も出ないわよ！ 冗談いっていないで、掃除を始めましょう…」

入浴が嫌いな人に入浴を勧めるとき

ヘルパー「山本ごじゅうろ…って誰か知ってますか？」
利 用 者「もちろん！ 山本五十六でしょ。最後の大将よ」
ヘルパー「へぇ～、よくご存じで…」
利 用 者「ああそうね。お会いしたことはないけど。何で知ってるのかしら。まだお元気かしらねぇ～」（⇐認知症の疾患を患っている人の会話）
ヘルパー「何か楽しい思い出がありそうですね」
利 用 者「ええ、これからデートよ。とってもハンサムなのよ…」

→今日も体調は悪くないようで、これから入浴介助

戦争体験の記憶

ヘルパー「昭和元年～27年の名前で一番多かったのが、"和子"さんらしいですよ」
利 用 者「あら、そうなの。そういえば、近所であっちの和子さん、こっちの和子さんって、大勢いたような気がするわ」
ヘルパー「なぜ、そんなに長いこと、順位が上だったのでしょうかね」
利 用 者「戦争や戦後で、みんな心の中で、平和を求めていたのではないかしら」

→戦争はとても辛い体験としていまも残っているからこそ、このような会話が出るのです。親兄弟を戦争で亡くされた方は、戦争の話を一切したくないという人もいます。
→1人ひとりが誕生したときから現在まで、どんな人生を歩んできたかをある程度情報としてとらえておくことも必要です。

5-9 小規模多機能型居宅介護とは？

> 通い・訪問・泊まりが一体化されているサービスで居宅扱いとなる

小規模多機能型居宅介護 小規模多機能型居宅介護は、平成18年に住み慣れた地域での暮らしが継続できるために**地域密着型サービス**の1つとしてつくられた介護保険制度のサービスです。要支援・要介護認定を受けた高齢者が、自宅での暮らしをベースに24時間365日、「介護が必要になっても地域で安心して暮らしたい」を実現するため、**通い**を中心としながら、必要に応じて**訪問**や**泊まり**をいつでも柔軟に一体的に利用できるサービスとなっています。

高齢者本人が生活をつくり上げてきた地域（活動の場・人々・自治会・商店など）との関係を継続しながら、そのなかで普通に暮らすことができるよう援助します。そのため介護職員は、利用者のご近所さんや馴染みの商店の人とも顔見知りになる機会も多く、自治会の人から「○○のおばあちゃん、足が弱くなって敬老会に来れないみたいだから、一緒につきそって参加してほしい」といった依頼から援助につながることもあります。

安心感につながる 環境の変化は高齢者の心身の状態に大きな影響を及ぼすといわれていますが、通い・訪問・泊まりをすべての職員が同様にサービス提供を行なうため、顔なじみとなり、利用者にとっては「いつもの同じ職員さん」になることが大きな安心感につながります。

介護職員としては、利用者の状態の変化や自宅での生活と施設内での様子の違いなどを随時、知ることができます。要介護状態といういろいろなことができないという姿に隠されてしまっている、利用者自身も気づかなかった潜在的な能力を一緒に発見できるかもしれません。

決められた画一的なサービスではないために、職員にも柔軟さが求められる部分も多く、個人の生活歴や趣味・癖・家族や人間関係など、たくさんの情報を職員間で共有していなければなりませんが、利用者に寄り添い、その思いや望む暮らしにともに触れているという喜びを味わいます。

◪小規模多機能型居宅介護のイメージ

基本的な考え方：「通い」を中心として、要介護者の様態や希望に応じて、随時「訪問」や「泊まり」を組み合わせてサービスを提供することで、中・重度となっても在宅での生活が継続できるよう支援する。

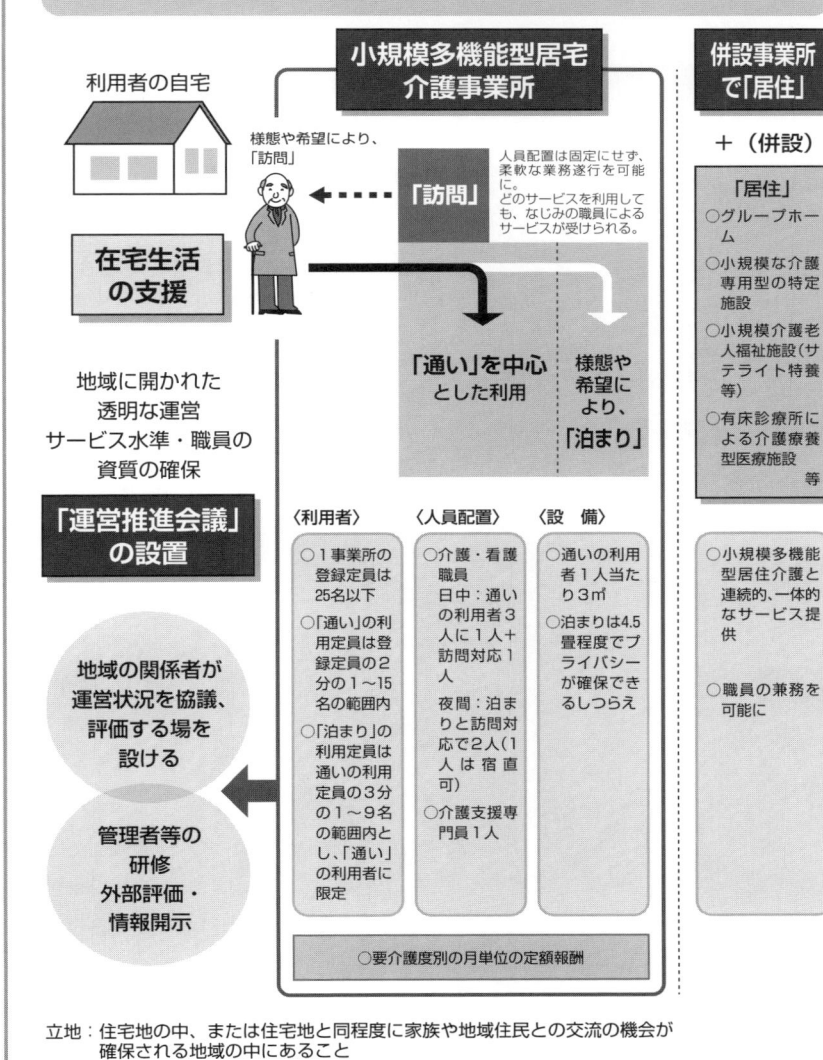

小規模多機能型居宅介護事業所

併設事業所で「居住」

利用者の自宅

様態や希望により、「訪問」

「訪問」

人員配置は固定にせず、柔軟な業務遂行を可能に。どのサービスを利用しても、なじみの職員によるサービスが受けられる。

在宅生活の支援

「通い」を中心とした利用

様態や希望により、「泊まり」

地域に開かれた透明な運営
サービス水準・職員の資質の確保

「運営推進会議」の設置

地域の関係者が運営状況を協議、評価する場を設ける

管理者等の研修
外部評価・情報開示

＋（併設）

「居住」
○グループホーム
○小規模な介護専用型の特定施設
○小規模介護老人福祉施設（サテライト特養等）
○有床診療所による介護療養型医療施設　等

〈利用者〉
○1事業所の登録定員は25名以下
○「通い」の利用定員は登録定員の2分の1～15名の範囲内
○「泊まり」の利用定員は通いの利用定員の3分の1～9名の範囲内とし、「通い」の利用者に限定

〈人員配置〉
○介護・看護職員
日中：通いの利用者3人に1人＋訪問対応1人
夜間：泊まりと訪問対応で2人（1人は宿直可）
○介護支援専門員1人

〈設 備〉
○通いの利用者1人当たり3㎡
○泊まりは4.5畳程度でプライバシーが確保できるしつらえ

○小規模多機能型居住介護と連続的、一体的なサービス提供

○職員の兼務を可能に

○要介護度別の月単位の定額報酬

立地：住宅地の中、または住宅地と同程度に家族や地域住民との交流の機会が確保される地域の中にあること

5-10 小規模多機能型居宅介護の利用

1人ひとりに合わせた柔軟な対応で、それぞれの暮らしを支える

通い 朝はゆっくり起きて、のんびり利用する人もいれば、家族の勤務形態に合わせて朝7時過ぎから通ってくる人もいます。家の風呂は身体が不自由で入れないので、寝たままで入れるお風呂にゆっくり入り、昼食を食べて帰る数時間利用することもあります。

また、職員と今夜の夕食を考え、買い物に一緒に行き、自宅に送りながら、そのまま利用者の自宅で夕飯を一緒につくったり、朝食の準備をする（訪問）など、個人に合わせて援助します。1人では生活の一連の行為がむずかしくなった人でも、介護職員のアドバイスやちょっとした手伝いがあれば暮らしは続けられるのです。

訪問 利用者の生活は施設ではなく、自宅がベースとなっていることから、1人ひとりの日常生活に回数や時間等を合わせて訪問します。

たとえば、薬を決められた通りに飲むことができているかの確認や掃除、おむつ交換や清拭（身体を拭くこと）、自宅に戻ったあとに通い中の入浴の着替えを一緒に洗濯をするなど、短時間ですむことから時間のかかることまで、介護職員が個人の暮らしに合わせた援助を行なうのです。

泊まり おもな介護者である家族が、急に具合が悪くなり、利用者が通い帰宅後に介護ができない場合や、家族の外出時、施設に泊まれます。利用者にとって急な泊まりは心身共に負担になるかもしれませんが、介護職員はさまざまな情報を駆使しながら、自宅での過ごし方とできる限り同じように、就寝・起床時間・朝食等、普段と同じ状況になるように過ごしてもらえるかを考えます。

たとえば、施設では介護ベッドが一般的ですが、自宅で布団を使用している人には布団を準備するなど、1人ひとりに合わせた介護職員の豊かな発想と柔軟さが、今後の小規模多機能型居宅介護の大きな力となることでしょう。

◘小規模多機能型居宅介護のサービスと各サービスとの違い

通 い	通所介護（デイサービス）
●時間も曜日も内容も利用者に合わせて自由 ●突然の利用も可能 ●過ごし方もそれぞれ好きなようにできる	●プログラムに合わせて一日の流れがある ●送迎時間（利用時間）の枠がおおよそ決められている
訪 問	訪問介護（ホームヘルプ）
●回数や曜日は1人ひとり違う ●必要があれば、緊急時にも対応 ●決められた援助内容はあるが状況により変化してもよい	●サービス時間の枠がある ●計画書に基づいた決められた援助内容
泊まり	短期入所生活介護（ショートステイ）
●緊急時など必要なときに利用できる ●通いで慣れている場所（いつもの場所）での泊まりができる ●知った顔の職員がいつもいる	●前もって予約を入れる ●日程の変更はかなりむずかしい ●知らない所に泊まる ●職員が利用者の普段の様子をあまりよく知らない

※小規模多機能型居宅介護では、「通い」「訪問」「泊まり」のそれぞれの内容が細かく決められているわけではない

◘職員の気づきで「通い」から「泊まり」に変更になる例

8：00　迎え ……　本人に変化はないが家族の顔色がさえない
↓
小規模に到着 …… 介護職員 ⟺ 計画作成担当者に相談
　　　　　　　　　　　　　　　（ケアマネジャー）

「息子さんが疲れているみたいで口数が少ない感じがしました」

息子さんにTEL
↓

ケアマネジャー
「最近お母さんの様子はいかがですか？　介護大変になっていませんか？」

息子さん
↓
「自分の時間もとれなくて少し疲れてます」

ケアマネジャー
「数日間、お母さんに泊まっていただきましょう」
‖
本人の意向確認

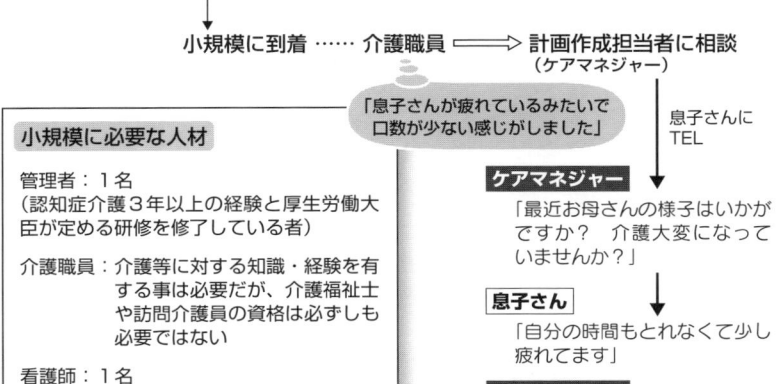

小規模に必要な人材

管理者：1名
（認知症介護3年以上の経験と厚生労働大臣が定める研修を修了している者）

介護職員：介護等に対する知識・経験を有する事は必要だが、介護福祉士や訪問介護員の資格は必ずしも必要ではない

看護師：1名

介護支援専門員：1名

【泊まり】 ←
職員
●毎日の薬を持参していないので、数日分の薬を預るため自宅に出向く
●部屋・布団の準備
●夕食・朝食数の確認
●衣類等の準備

COLUMN
介護・福祉の仕事への思い ❺

　寝たきりで背丈も大きい利用者を車いすに移乗し、病院通院する訪問介護が私の役割でしたが、ヘルパー2級を取得したばかりで技術も未熟なため、「痛い！」と怒られる日々の辛さに、同じ事務所の先輩に相談しました。
　「本心なら辞めればいい。でも、あとで必ずこの経験がよかったと思えるようになる」とはげまされ、「技術は何とかなる！身体の自由を失った困難さを一緒に悩み考えてみたい。次回も"来ます"と伝えよう」と自分に言い聞かせ、ヘルパーを続けました。次第に辞めたいという感情が薄れ、笑って車いすを押せるようになったころ、ヘルパーの交代があり、そのお宅に訪問できなくなる時期がきました。
　訪問最終日に奥さんから「主人は病気とともに気難しくなり、病院や他人から嫌がられる存在だったのよ。でもあなたはどんなに強い口調で怒鳴っても、いつも笑顔で『痛かったですか。ごめんなさいね』と主人の身体をさすり、元気に『また今度！』と帰って行きましたよね。主人は、何もできない自分でも、理解して認めてくれる人がいることを初めて実感できたのです」と感謝され、普段まったくしゃべらないその利用者から「もう帰るの？また会えるかな？」という言葉をいただきました。帰り道、涙があふれてきたことを覚えています。
　あれから十数年、大勢の人と出会うなかにも、たくさんの涙や笑いがありました。私が援助者というよりも、利用者の力を借りながら、私が成長しているのだといつも感じながら、毎日仕事をしています。

第6章

通所介護(デイサービス)の仕事

本人や家族が望む在宅介護を変えるのに
有効なサービス

6-1 利用者や家族が安心して生活していくための通所介護（デイサービス）

> 介護サービスのなかでも、もっとも急速に普及している

通所介護 通所介護（デイサービス）は、都道府県から指定を受けた介護保険事業であり、介護保険法の基本方針で「要介護状態となった場合においても、その利用者が可能な限りその居宅において、その有する能力に応じ、自立した日常生活を営むことができるよう、必要な日常生活上の世話及び機能訓練を行うことにより、利用者の社会的孤立感の解消及び心身の機能の維持並びに利用者の家族の身体的及び精神的負担の軽減を図るものでなければならない」と、事業内容について規定されています。

通所介護は、近年の核家族化や一人暮らしの高齢者の増加、事業への参入のしやすさから急速に事業所数が伸びている事業です。WAMネットによると、2011年8月現在で30,110事業所に達しています。サービス内容は、要介護者を車で自宅まで迎えにゆき、通所介護施設にて食事、排せつ、入浴、レクリエーション、機能訓練などを行ない、自宅へ送り届けることであり、自立した在宅生活が送れるように支援するサービスです。また、一定時間あずけられるということで、家族が介護から離れることができ、介護の負担が軽減できるという重要な役割を果たしているサービスです。

お泊まりもできる通所介護 多様化した通所介護で、もっとも急速に普及したサービスが「お泊まりできる通所介護」です。お泊まりできるサービスとして、介護保険サービスにショートステイという事業がありますが、その事業所数や受け入れできる人数は少ないので、安定的にお泊まりできる環境は整えられていないのが現状です。

日頃通っている通所介護施設に気軽にお泊まりできるとなれば、本人と家族の安心感は大きく、また、宿泊費用が1泊1,000～2,000円程度と安価なことで増加していったのです。ただ、介護保険の適用を受けないため、人員基準が課せられなかったり、安易に介護事業を運営する会社が現われたりしたので、本当に利用者本位のサービスかが問われています。

◆介護サービス事業所数の推移

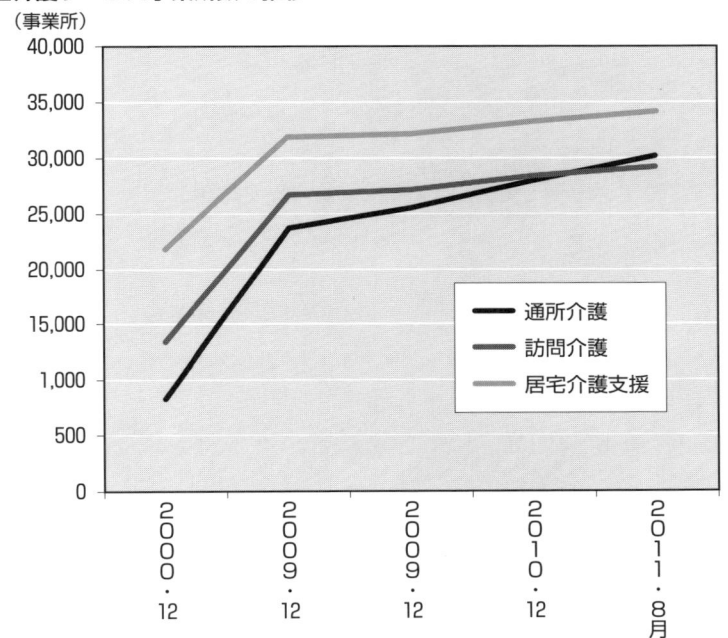

（事業所）

凡例
── 通所介護
── 訪問介護
── 居宅介護支援

縦軸：0, 500, 1,000, 15,000, 20,000, 25,000, 30,000, 35,000, 40,000
横軸：2000.12、2009.12、2009.12、2010.12、2011.8月

出所：WAMネット全国の集計結果より
参考：指定居宅サービス等の事業の人員、設備及び運営に関する基準

◆通所介護の種類や特徴的なサービス

- 介護予防
- リハビリ特化型
- 療養
- 小規模型
- お泊まり
- 延長
- 認知症対応型
- 大規模型

どれにしよう？

第6章 通所介護（デイサービス）の仕事　135

6-2 通所介護で働く人たち

介護保険法で人員が厳しく決まっている

厳格な人員基準 人員基準は利用者の安全や介護の質に直結してくる問題なので、もっとも守られるべきルールといっても過言ではありません。違反すると、事業所の指定取消しという重い処分を科せられることもあるので、開設時や職員の入れ替わり時にはとくに注意して確認し、変更申請届けを提出します。

管理者 もっぱら管理の職務に従事する常勤管理者が1名必要であり、管理職務に支障のない場合はほかの職務と兼務できます。おもに従業員の労務管理や利用者の利用にかかる調整、契約業務などを行ないます。

また、小規模の事業所では管理者が介護業務や相談員業務を兼務することが多く、利用者の帰宅後に管理者業務を行なう管理者もいます。

生活相談員 社会福祉士や社会福祉主事などの有資格者。利用者やその家族の相談に応じて、通所介護計画書を作成します。

サービス利用するうえでの問題などがあれば、利用者、家族、ケアマネジャーと相談する役割もあります。また、広報活動も重要な仕事であり、他事業所、地域との交流を図るために、地域の集まりなどにも参加します。

看護職員 看護師、准看護師。ただし、利用者数が10名以下の場合は常勤の介護職員を1名以上配置していれば、看護師の配置は必要ありません。利用者の健康管理、薬の管理、必要な処置などを行ないます。

介護職員 介護福祉士やホームヘルパーなど。利用者が15名を超える場合には1名、または端数を超えるごとに介護職員を1名配置します。

食事や排せつなどの日常的に必要な介護サービスを行ないます。

機能訓練指導員 理学療法士、作業療法士、言語聴覚士、看護師、准看護師、柔道整復師、あんまマッサージ師などの有資格者。日常的な機能訓練を行ないます。介護報酬に加算される、機能訓練加算も算定できるようになります。

◆人員基準、資格要件

管理者

人員　常勤1名（兼務可）
資格　無資格でも可

生活相談員

人員　専従1名以上
資格　社会福祉主事
　　　社会福祉士、精神保健福祉士等

看護師

人員　専従1名
資格　看護師、准看護師

介護職員

人員　利用者15名で1名以上。5名増すごとに1名増員
資格　無資格でも可

機能訓練指導員

人員　1名以上（兼務可）
資格　理学療法士
　　　作業療法士
　　　言語聴覚士
　　　看護師　　　など

※常勤とは当該事業所において定められている常勤の従業者が勤務すべき時間数に達していること
※専従とはサービス提供時間内において他の職務に従事しないこと
※兼務とは業務に支障がない限りで、他の職務を兼ねること

出典：「指定居宅サービスの人員、設備及び運営に関する基準等」
　　　「特別養護老人ホームの人員、設備及び運営に関する基準等」

6-3 生活相談員業務の現状

仕事の幅は広く、チームワークが求められる

生活相談員　生活相談員はその事業所の顔となる存在であり、事業所運営の重要な役割を担っています。しかしながら、その業務内容は明確に示されていなく、「何でも屋」と化しており、業務分担がはっきり区分けして運営できている事業所は少ないのが現状です。生活相談員は、図のように多忙な役回りです。人員基準により常勤専従を1名以上配置しなければならないと規定されているため、正社員の割合が高く、また、管理者も兼務できます。

チームワークが重要　とりわけ小規模の事業所であればその状況は顕著で、スタッフの急な休みや、急な利用者の増加などのときは、介護業務へのフォローが多くなることで、生活相談員の本来業務である**通所介護計画書の作成や、評価、他事業所、ケアマネジャーとの連携**がおろそかになってしまうこともあるのです。

　この相談員業務をないがしろにしてしまうと、利用者、家族、ケアマネジャー、地域などへの信頼を失うばかりか、人員、運営基準違反にも該当しかねないので、介護報酬の返還や、あまりにひどい場合には事業所の指定取消しにもなりかねない事態に陥る場合もあります。このような状況は現場スタッフだけではどうしようもできない場合もあるので、事業主もしっかりと考えておかなくてはいけない課題なのです。

　決して「他職種とはっきり業務分担をしなくてはならない」というわけではないのですが、適切な人材の整備、業務分担の明確化など責任の所在をはっきりさせたうえで、各職種が連携、協働して事業所を運営していくことが求められています。利用者とスタッフはもちろんのこと、事業主や職種間の**チームワークを発揮させることも、生活相談員の重要な仕事の1つ**なのです。スタッフ同士が連携をとっていて、スタッフも利用者も心から楽しんでいる事業所に人が集まってくるものです。

◧生活相談員の業務

1　契約業務

利用受付／初回訪問／契約書／重要事項説明書の説明と同意

2　通所介護計画作成業務

アセスメント／通所介護計画書原案作成／利用者／家族へ計画内容への同意および交付／スタッフへの計画内容や目標の周知、適宜計画内容の見直し

3　モニタリング業務

毎月のモニタリング報告書の作成／目標達成状況の評価／利用者やケアマネジャーへ報告書の交付

4　サービス担当者会議

利用者宅訪問／会議への出席／居宅サービス計画書への意見／サービス担当者会議の照会の提出

5　相談援助業務

利用者や家族からの相談および介護問題の共有、他機関との連絡調整

6　記　録

日誌記録／相談記録／支援経過記録／事故・苦情報告書

7　他事業所や地域との連携

地域包括支援センターや区役所などとの連絡調整／地域ケア会議や地域の介護研修等への出席／事業所の広報活動

6-4 通所介護利用の手続き

与えられる介護サービスから選ぶ介護サービスへ

措置制度から契約制度に 2000年に**介護保険**が始まって以来、介護保険サービスに民間事業者が参入できるようになり、それまで行政から介護サービスを与えられていた措置制度から、利用者がみずから事業者を選べる契約制度となったのです。

介護サービスを受ける際には、まず居住している地域の介護保険課や地域包括支援センターなどに申請して要介護認定を受ける必要があります。介護の必要度を調査するために、自宅や病院に訪問し本人の状態を調査した結果と、主治医の意見書との審査を経て、要介護状態と判定されたときに初めて介護保険サービスが利用できます。サービスを利用するには、みずから居宅介護支援事業所を選んで契約し、所属している**ケアマネジャー**に**居宅介護計画書**（ケアプラン）を作成してもらう必要があります。

サービスの依頼から初回訪問の流れ 初回の利用依頼は、基本的に利用者の希望を理解しているケアマネジャーからの紹介がほとんどです。多くの事業所は利用者の情報をまとめてもらえるような利用申込書などを作成し、ケアマネジャーに配布してあります。その利用申込書に氏名、連絡先、住所、疾患、身体状況、介護保険情報、利用希望日、サービス内容などの情報をもらいます。そのうえで、定員、送迎時間、ほかの利用者との関係性などを考慮して受け入れ可否を検討し、ケアマネジャーへ返答します。利用者本人からの依頼であれば口頭にて情報をもらい、担当のケアマネジャーと連携をとることとなります。

サービスの受け入れが可能となれば、事業所が利用者宅にサービス内容の説明や、**アセスメント**（**課題分析**）などを行なう訪問調査を経て、お互いの同意が得られれば契約となります。実際にサービスが開始される前までには、ケアマネジャーから事業所に交付されたケアプランに沿った内容の通所介護計画書を作成し、利用者へ交付しなくてはなりません。

◘介護申請ができる人

第1号被保険者　65歳以上で介護が必要となった人
第2号被保険者　40～64歳で加齢によって生じる特定疾病により介護が必要となった人

申　請

- 主治医の意見書
- 認定調査

↓

要介護状態と認定される。
要介護1～5の場合

介護保険被保険者証を
受け取る

居宅介護支援事業所を選び
ケアマネジャーを決める

ケアマネジャーに
介護の相談アセスメント
（課題分析）

居宅介護計画書（ケアプラン）
を作成してもらう

介護サービス事業所を選び、
契約サービスを利用

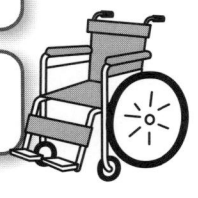

6-5 通所介護の1日の流れ

営業時間は事業所によってさまざま

事業所の営業時間は多様　通所介護の1日の営業時間は事業所によって定められます。3〜4時間、4〜6時間、6〜8時間と決められていましたが、平成24年4月の介護保険法改正によって通所介護のサービス時間は3〜5時間、5〜7時間、7〜9時間という区分に変更されました。

家族介護者の支援を促進する観点から、サービス提供時間を見直すとともに、新たに12時間までの延長加算を設定して、長時間利用できるサービスを評価するのです。営業時間を7〜9時間で運営している事業所は、営業時間を9：00〜17：00に設定していることが多く、9：00ごろに通所介護の送迎車で利用者の自宅に迎えに行き、事業所施設へ向かいます。各通所介護の機能訓練やアクティビティを受けながら過ごします。サービス提供時間が終了する17：00以降に送迎車で自宅まで送ってもらうのです。

生活全般を考える視点が必要　最近では特色をもった事業所が多く、リハビリ特化型、調理、園芸、手芸、カラオケ、温泉などさまざまなアクティビティがあるので、事業所選びの際には事前にしっかり説明を受け、できれば体験利用を通して、その事業所の1日の流れや、雰囲気、食事内容、スタッフの様子、ほかの利用者様子など確認しておくことが重要です。

よくあるケースが、通所介護への滞在時間が長く、つまらないと感じさせてしまい、利用者が「帰る」と言いだしてしまうことです。スタッフの対応で軽減できる場合もありますが、一度嫌な印象をもたせてしまうと、二度と通所介護を利用したくないと思わせてしまうこともあるので、時間をかけて納得して利用してもらうことが大切です。

通所介護の役割はその利用時間だけでなく、帰宅後の生活や、その家族がどういう介護生活を送りたいかということも、一緒に考える必要があります。そのためにも、1日の流れというのはしっかり把握しておかなくてならないのです。

◘デイサービスの1日（例）

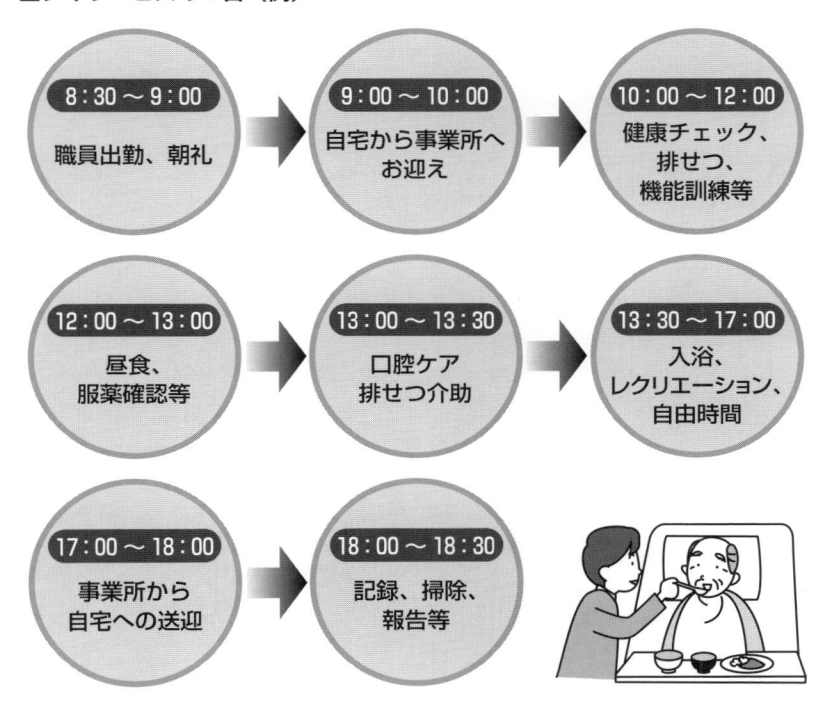

- 8:30～9:00 職員出勤、朝礼
- 9:00～10:00 自宅から事業所へお迎え
- 10:00～12:00 健康チェック、排せつ、機能訓練等
- 12:00～13:00 昼食、服薬確認等
- 13:00～13:30 口腔ケア 排せつ介助
- 13:30～17:00 入浴、レクリエーション、自由時間
- 17:00～18:00 事業所から自宅への送迎
- 18:00～18:30 記録、掃除、報告等

◘通常規模の場合の報酬単位

（2012年4月現在）

介護度	サービス時間		
	3～5時間	5～7時間	7～9時間
要介護1	400	602	690
要介護2	457	708	811
要介護3	514	814	937
要介護4	571	920	1,063
要介護5	628	1,026	1,188

※この他入浴介護加算やサービス提供体制加算など加算される場合がある
※上記単位に事業所の所在地によって定められている地域加算倍率×1円が事業所の報酬となる

6-6 営業活動はケアマネジャーに行なう

いくらよいサービスを提供しても、利用者がいなければ意味がない

アピールして売り込む　介護事業といえども、自社のサービスを利用してくれる利用者を確保しなければ運営が成り立ちません。また、**どんなによいサービスを提供でき、質の高いスタッフをそろえても、それを利用してくれる人がいなくては宝の持ち腐れとなってしまいます**。介護の仕事と営業は一線を画すように思われがちですが、質の高いサービスほど、地域の高齢者に利用してもらうべきなのです。

とくに、通所介護は前述のとおり、さまざまな特色の事業所が乱立している状況です。そのなかで勝ち残っていくには、質の高いサービスはもちろんのこと、事業所の取組みを、広く知ってもらうことも同時に考えておかなくてはならないのです。

ケアマネジャーが相手　高齢者に直接、デイサービスの取り組みや事業所の情報を伝えられる仕組みは、現在のところ十分に整備されていません。自社の強みや、取組みをアピールする相手が重要となりますが、**おもなターゲットがケアマネジャーなのです**。

ケアマネジャーはさまざまな社会資源や事業所情報をもち、利用者の状態に合わせて情報提供します。最終的に決定するのは利用者本人ですが、ケアマネジャーに自分の事業所がどういうサービス内容で、どういう特徴があり、どういうスタッフが楽しんで働いているのかということを知ってもらうことで、利用者が自分の事業所のサービスを選択する場面が増えることになるのです。そのため、ケアマネジャーに事業所のことを知ってもらうための営業は重要なのです。

材料がないのにやみくもに訪問を重ねてしまうと、逆効果にもなりかねません。営業は計画的に、また、忙しいケアマネジャーに合わせたやり方を考えなくてはなりません。

◘ケアマネジャーへの営業法

事業を始める前に、次の4点をしっかり考えておく

① 自社のコンセプト、特徴や強みを明確にし、事業所で共有する

② そのコンセプト、特徴、強みを伝える媒体を検討する

③ 営業のターゲットが誰なのかを考え、ターゲットの事情を配慮する

④ 営業計画を立てる
　誰が、どの範囲を、いつの時期に、何を準備して訪問するのか？

⑤ 営業目標を立てる。顔、名前を覚えてもらう
　毎月、何件訪問するのか？

◘営業活動の準備

毎月、何件訪問？
新規利用者は
何件目標？

何の媒体？
HP、ブログ？
パンフレット？
伝え方は？

ターゲットは？
家族？　利用者？
ケアマネ？

誰がどの地域を
担当する？
いつ、どう
やって？

コンセプト
強みは？　特徴は？
利用者にどうなってほしい？

コンセプトのつくり込みが基礎になるので大事!!

6-7 苦情対応

> 苦情は怖くない。成長のチャンス。チームワークで乗り越えよう

苦情対応　通所介護はサービス業であるので、苦情はつきものであり、苦情から逃れることはできません。利用者本人はもちろんのこと、家族やケアマネジャーから申し立てられることもあり、この苦情の対応で事業所の質を問われることにもなります。また、苦情は信頼しているからこそ打ち明けてくれるものであり、真剣に改善に取り組むことで、事業所のスタッフのスキルが向上したり、本人や家族、ケアマネジャーとの信頼を深めるチャンスとなるので、言い訳したりせず、前向きに対応することが、事業所にとってプラスになります。

苦情対応をしたら、今後の対策を検討し、管理者や代表者など、責任のある立場の者から、丁寧に申立者へ報告したうえで謝罪をします。

スタッフ間で共有　注意しなくてはならないのが、スタッフのフォローです。誰もがわざと苦情をもらおうと思って仕事をしていません。コミュニケーション不足、生活習慣の違い、知識不足、研修不足がおもな要因となっているので、個人の問題ではなく、組織の問題としてとらえる必要があります。必要以上に責めたり、苦情対応を嫌悪したりする気持ちを管理者が表わせば、苦情や失敗の事実を隠し、利用者の声が通りにくい体制ができ上がってしまいます。**失敗や苦情は当たり前なのだという組織文化を構築し、苦情の対応や改善策をスタッフで共有していく姿勢が重要です。**

そして、もう1つ注意しなくてはならないのが、その苦情が事実無根で悪意のある場合です。この場合には、事業所側がどんなに誠実かつ真摯に対応しようが、目的がほかにあるので一般的な苦情対応では解決できない場合があります。担当のケアマネジャーや行政などと情報を共有し、苦情申立者からの訴えを冷静に確認・記録しておきます。場合によっては、弁護士や警察へ相談することも検討しておく必要があります。自分たちを守るためにも、担当者や1社で抱え込まないという姿勢が大切なのです。

◘苦情対応の流れ

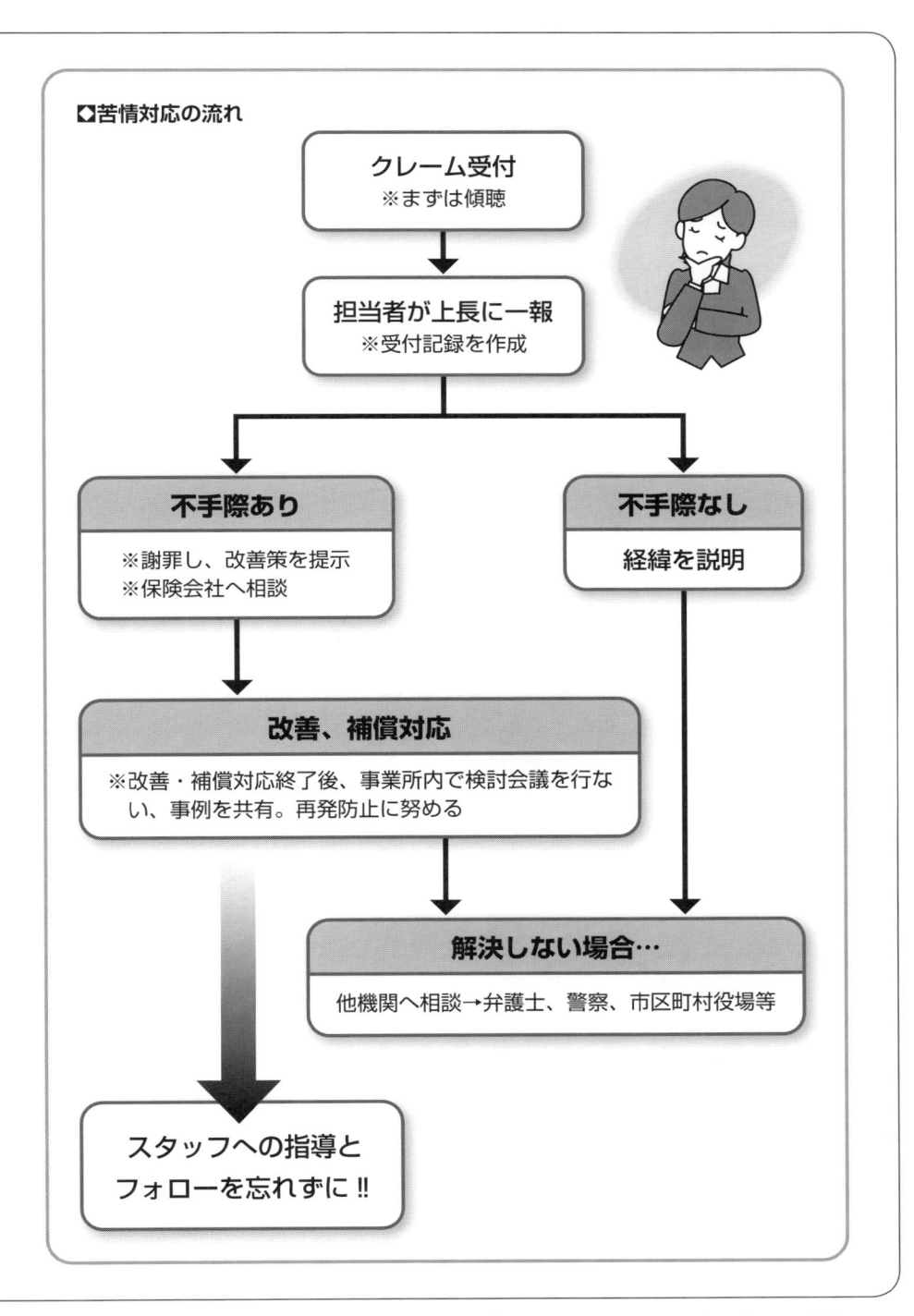

```
        クレーム受付
       ※まずは傾聴
            ↓
     担当者が上長に一報
       ※受付記録を作成
         ↙       ↘
    不手際あり        不手際なし
※謝罪し、改善策を提示    経緯を説明
※保険会社へ相談
      ↓
    改善、補償対応
※改善・補償対応終了後、事業所内で検討会議を行な
い、事例を共有。再発防止に努める
         ↓            ↓
            解決しない場合…
     他機関へ相談→弁護士、警察、市区町村役場等
```

スタッフへの指導と
フォローを忘れずに!!

6-8 送迎業務

> スタッフが安心して送迎業務を行なる体制づくりが大切

心に余裕をもつ　どこの事業所でも、**通所介護は送迎業務で始まり、送迎業務で終わります**。安全に送迎することはもちろん、さまざまな状況の利用者がおり、それぞれに柔軟に対応すべき項目が多い業務なのです。事前に利用者宅までのルート確認や、踏切の有無、道路の混雑状況、お迎えするポイントの駐車場所、自宅の段差や送迎車で介助の必要な箇所、家族、ヘルパーの送迎補助の確認、車いすの必要性、自宅のカギの開け閉め、持ち物など、多くの確認事項があり、細かくどういう対応をとるのかをとりきめておかなくてはなりません。

送迎業務での事前のとりきめ不足は、送迎時間のずれに直結することになり、送迎ルート全体の利用者やその家族、関連事業所の迷惑になってしまいます。また、通所介護のサービス時間は、「施設に到着した時間から、施設を出発した時間まで」となっているので、送迎時間の遅れによってサービス内容にも影響を及ぼすこともあります。

たとえば10分程度の送迎の遅れにより、6〜8時間で予定しているのに、4〜6時間で請求せざるをえないという、通所介護計画書やサービス提供内容が変更になってしまう問題も出てきます。次ページ図のように、**できるだけ確認事項をマニュアル化しておく必要があります**。

増える重大事故　近年、通所介護の送迎中の重大事故が増加しており、死亡事故も起きています。そのような事故を起こしては事業所の存続にも影響しかねない大きな問題になるので、しっかりとした安全運転対策が必要なのです。とくに都市部は、交通量が多い割に道幅が狭く、交通事故のリスクも高まります。

そのようななか、プレッシャーから、送迎業務を拒否するスタッフもいるので、保険加入はもちろん、運転研修や適性検査、交通事故対策の周知などスタッフの負担を少しでも軽くします。

◖持ち物チェック表の例

持ち物チェック表

_____ 様

年月日	杖	車いす	上着	帽子	バッグ	三角巾	エプロン	メガネ	鍵	薬	歯ブラシ	ハンカチ	タオル	その他

◖送迎対応確認チェック表の例

・利用者様名	様
・住所	
・TEL	
・家族緊急連絡先	続柄
居宅介護支援事業所	
ケアマネジャー	様
連絡先	
送迎	単独 ・ ヘルパー ・ 家族 ・ デイ職員
迎え場所	玄関 ・ バスポイント ・ マンション下
その他注意事項	車いす対応・カギ閉め・持ち物・危険部位… 　　　　　　　　　　　　　　　　　などを確認

6-9 通所介護計画書作成の流れ

通所介護計画書がなければサービスを行なえない

通所介護計画書の作成の義務 通所介護計画書はケアマネジャーから交付されるケアプランに沿って作成してあればよいので、**書式についてはとくに規定されているわけではなく**、事業所によってさまざまです。運営していくうえで最重要である**通所介護計画書**の項目を確認しましょう。

アセスメント（課題分析） 利用者がどういう状態で、何で困っていて、どういう生活を望んでいるのかを確認・調査するのが**アセスメント**です。通所介護計画書作成ではアセスメントが大切です。疾患の有無、飲んでいる薬、歩行、入浴、移動、着替えなどの日常生活動作、買い物、掃除、洗濯等の日常生活や家事、家族関係などを調査して課題を抽出します。

目標設定 アセスメントによって抽出された課題に対して、目標を立てます。具体的な目標を利用者とともに相談してみずから目標を設定することで、通所介護の利用目的が明確になり、意欲が出ます。

本人および家族の意向 ケアマネジャーから交付を受けたケアプランをもとに、通所介護における本人および家族の意向を記載します。

サービス内容や留意点 目標を達成するために行なうサービス内容（サービス時間やレクリエーションの内容、具体的な介護の内容など）を記載します。また、個別機能訓練加算や口腔機能向上加算などの有無、介護に関わる留意点やとりきめごとなども記載します。

頻度 具体的なサービス内容の頻度、回数を記載します。

担当者 具体的なサービスを実施する担当者である介護職員、生活相談員、看護師、機能訓練指導員などを記載します。

期間 サービスを実施し目標達成をめざす期間を記載します。目標の内容や利用者の状況によって期間はさまざまですが、6か月程度で目標の見直しをすることが、より現実的でタイムリーな通所介護計画となります。

評価やモニタリング 目標が達成できているかを記載します。

◧通所介護計画書の交付手順

```
ケアマネジャーからケアプランを受け取る
          ↓
       アセスメント
          ↓
    通所介護計画書原案作成
          ↓
  利用者、家族へ通所介護計画書の説明
          ↓
  利用者や家族から同意の署名、捺印、交付
          ↓
   担当のケアマネジャーへ写しの交付
          ↓
   職員間で通所介護計画書の内容の周知
```

6-10 モニタリング

> モニタリングと目標の再設定により、利用者が望む生活を支援する

目標達成への進捗状況をチェックする　モニタリングとは、実際にサービスを提供してみて、通所介護計画書の目標の達成度や利用者の状態、新しい課題ができていないかなどを定期的に把握することです。右図の点について1月に1回は書面でまとめて残し、ケアマネジャーへ報告します。

モニタリングの結果、目標が達成できている場合や、新しい課題などが見つかった場合は、ケアマネジャーと連携して、ケアプランと通所介護計画書の変更し、目標の再設定などが必要となります。

アセスメントから計画作成、実行、モニタリングと目標の再設定を繰り返して、利用者の望む生活を支援していくのです。

モニタリングは日々の報告や記録から　日々、利用者の状況は刻々と変わっていくので、スタッフが利用者1人ひとりの変化に気づき、スタッフ間で現状を共有することが大切です。そして、サービス記録や活動記録に利用中の様子の記録が、目標達成を確認できる材料となります。

右ページ下図の項目は目標達成にも関係してくることなので、日々の様子をしっかりと記録しておきます。

より客観的に記録を記載するためにも、利用者自身が発した言葉を記録することも大切なことです。とくに介護者や家族との関係の様子をケアマネジャーは把握することがむずかしいので、直接現場でやりとりをしているスタッフからの情報が重要となります。

このほかにも、家族、担当医、ケアマネジャーなどからも注意（確認事項としての指示）があれば、スタッフで共有しての観察が必要ですし、場合によってはすぐに報告するなど、臨機応変な対応が必要となるのです。

◘モニタリング手順

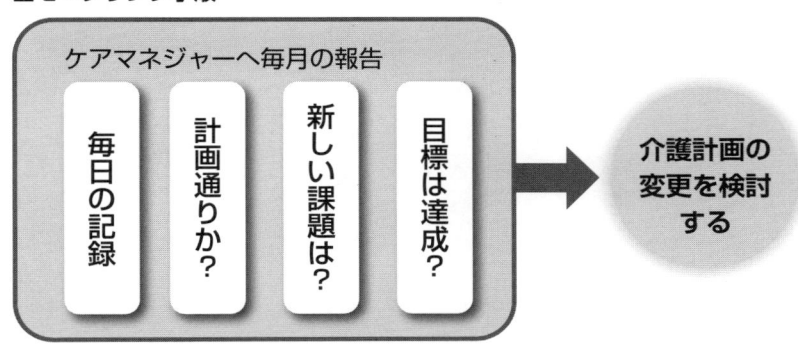

ケアマネジャーへ毎月の報告
- 毎日の記録
- 計画通りか？
- 新しい課題は？
- 目標は達成？

→ 介護計画の変更を検討する

◘デイサービスの活動記録の例

平成　年　月　日（　　）			氏名　　　　　様	
バイタル	血圧　　/脈	体温　　℃	時間　　：	
再検査	血圧　　/脈	体温　　℃	時間　　：	
昼　食	主食/副食	割 / 割	おやつ　　割	水分　　ｃｃ
入　浴	あり / なし / 中止　理由（　　　）		服薬 / 処置	
ＡＭ	入浴 / 昼食作り / 嚥下体操 / レクリエーション（　　　）/ 他（　　　）			
ＰＭ	入浴 / おやつ作り / 全身体操/今月の歌/レクリエーション（　　　）/ 他（　　　）			

職員欄
　　　　　　　　　　　　　　　　　　　　　　　　　　　　記入者
ご家族欄

①バイタルチェックや健康状態の様子
②食事、排せつ、入浴などの介護の内容
③機能訓練やレクリエーション時の様子
④認知症の症状や他の利用者や職員とのコミュニケーションの様子
⑤介護者や家族との関わりの状況など

COLUMN
介護・福祉の仕事への思い ❻

「西谷さん。ここはゴミ捨て場ではありません」

私が訪問介護の仕事に就いてすぐ、担当した利用者から台所の排水溝の掃除法について、お叱りをいただきました。入社して間もない私にとってはとてもショックで、介護の仕事のむずかしさに直面した出来事でした。当時、私には利用者の生活様式や価値観をくみとる余裕はなく、自分の持っているものさしで判断した結果のクレームです。とくに、在宅介護はさまざまな利用者の生活を柔軟に支えなくてはなりません。

「利用者の気持ちをくむ」「共感する」「支持する」ことを求められる介護は、答えが出にくい分、自分の人間性で勝負できるやりがいのある仕事であり、日々、成長を実感できるすばらしい仕事だと思っています。

価値観が多様な利用者1人ひとりに向きあうことのむずかしさに、いまでも壁にぶつかることがありますが、これまでの経験と人脈、そして専門家である仲間たちが支えてくれるからこそ、乗り越えられています。出会いは人を成長させます。あらゆる出会いに感謝して仲間を大切にし、自分を成長させ、悩みながらも楽しく仕事をしていってください。

「西谷さん、助かりました。ありがとう」

今では利用者、利用者の家族、ほかの事業所にも、こんな感謝の言葉をいただけることも多くなってきました。すべての人の「心のよりどころ」になれる、介護の仕事の喜びを味わってみてください。

第7章

福祉用具の仕事

人の力ではなく、道具を使って、安心、安全、自立した日常生活の実現を援助する仕事

7-1 福祉用具って何？

> 福祉用具は生活を便利にしてくれる道具。特別な物ではない

福祉用具　福祉用具という言葉を聞いてもピンとこない人も多いかもしれません。しかし、**介護用品**や**介護機器**といえば何となくわかりますよね。実は平成5年10月に施行された「**福祉用具の研究開発及び普及の促進に関する法律（福祉用具法）**」により、それまでいろいろな呼び方をされていた言葉が「福祉用具」と定義されました。

福祉用具の種類　人間が歳を重ねていけば、程度の差こそあれ、誰でも体のいろいろな部分の機能が低下していくもので、このことはいかんともしがたいものです。そうした体の機能低下を補ってくれる道具が福祉用具です。

　歩くことが弱ってきたら「杖」を、聞く力が弱ってきたら「補聴器」を、また視力が弱ってきたら「メガネ」を多くの人々が使うようになります。いまや日本が世界一の普及率といわれている「温水洗浄便座」も最初は、障害者向けにアメリカで開発された福祉用具だったのです。福祉用具という言葉からは、まず「車いす」や「紙おむつ」を思い浮かべるかもしれませんが、福祉用具の範囲は思いのほか広いものです。

安心・安全の介護を手助けしてくれる道具　福祉用具は、体の機能の弱ってきた部分を手助けしてくれるだけではありません。介護をする人の安全を確保する大切な役割も果たしています。介護の仕事といえば、腰痛が職業病といわれています。介護をしていた人が、腰痛により介護を受ける側になってしまう。あるいは、満足な介護をすることができなくなってしまう。そうならないためにも、福祉用具を上手に使ってほしいものです。

　また、福祉用具を使うことにより、他人の介護なしで、安全に目的の動作ができるということが自立心の向上にもつながります。介護を受ける人、介護をする人、ともに安心・安全のために福祉用具が必要なのです。

◆福祉用具の例

温水洗浄便器	メガネ	紙オムツ
スプーン		
くつ	コップ	寝巻き
杖	スリッパ	食事用エプロン
シャワーベンチ	歩行器	シルバーカー

第7章 福祉用具の仕事

7-2 福祉用具選定のスペシャリスト

意外と知られていないが、幅広い知識や技術が求められる

福祉用具専門相談員になる　福祉用具を必要としている人へ、その人の体の状況や、その方の使用目的に応じた福祉用具を選定したり、その使い方をアドバイスするのが**福祉用具専門相談員**です。また、介護保険で定められた福祉用具のレンタルや販売を事業として行なうためには、都道府県知事の指定を受けなければなりませんが、事業所に規定の人数の福祉用具専門相談員を置かなければなりません。福祉用具専門相談員の資格は、都道府県知事が指定した講習を受講し、所定の課程を修了することによって取得できます。資格を取得することは簡単ですが、**ただ資格を取得しただけでは、実際の相談・選定業務でまったく通用しません。**

　なぜならば、福祉用具選定で求められるのは、単なる福祉用具の商品知識だけでなく、その福祉用具の使用感など使い勝手、用具の調整など、たくさんの現場経験をしていかないと得られない知識や技術です。専門性が高くなってきているといえます。福祉用具専門相談員には、常に豊富な商品知識と現場経験を身につける努力が求められています。

福祉用具に関する資格　福祉用具専門相談員の資質向上を図り、より専門性の高い福祉用具専門相談員の育成を目的として、社団法人日本福祉用具供給協会が創設した資格である**福祉用具選定士**や、公益財団法人テクノエイド協会が実施している**福祉用具プランナー**といった資格があります。ともに福祉用具専門相談員関連業務に2年以上従事していることが受講条件とされています。

　これらの資格は、ただ座って講義を聴くだけではなく、実技や修了試験も課され、より実践的なカリキュラムが組まれています。また、操作方法や適切な商品選定に高度な技術を要求される福祉用具については「**リフトインストラクター**（初級・中級・上級）」や、「**可搬型階段昇降機安全指導員**」の資格が必要とされています。

(Ⅰ) 福祉用具専門相談員の要件
①都道府県知事が指定する講習会の修了者
　講習課程

科　目	時間数
老人福祉に関する基礎知識	2時間
介護と福祉用具に関する知識	20時間
関連領域に関する基礎知識	10時間
福祉用具の活用に関する実集	8時間
計	40時間

②介護福祉士、義肢装具士、保健師、看護師、准看護師、理学療法士、作業療法士、社会福祉士
③都道府県知事がこれと同程度以上の講習を受けたと認める者

(Ⅱ) 専門的な知識習得のための資格等

職・研修名	実施主体	研修時間	試験	種別	備　考
福祉用具プランナー	財団法人テクノエイド協会	100時間（e-ラーニング含む）	有	無	対象は福祉用具専門相談員
福祉用具選定士	社団法人日本福祉用具供給協会	40時間	有	無	福祉用具専門相談員として2年以上の実務経験を有する者
福祉住環境コーディネーター	東京商工会議所	受験対策講座があるが任意	有	1～3級	1級を受けられるのは2級取得者のみ。2、3級の対象制限はなし
福祉用具供給事業従事者現任研修会	社団法人シルバーサービス振興会	45時間	無	無	福祉用具供給事業従事者研修の修了者。一定の条件を満たせば、ケアマネジャーの受験資格の取得可

◪福祉用具選定士カリキュラム
(Ⅰ) A研修（ベッド・車いす編）3日間研修

1日目	ベッドと起居動作、ベッドの安全対策、ベッドの実習 ・起居動作、介護動作の一般的な動きの学習 ・臥位と寝返り・起き上がりの動作とベッドとの関連把握
2日目	マットレス概論、ベッドの構造（実習）、車いすの基本事項、車いすの構造 車いすのメンテナンス、車いすの寸法方法、車いすと関係のある福祉用具、車いすの種類での駆動の違い（実習）
3日目	車いすの附属パーツの活用方法・移乗への応用 車いす利用者の疾患別注意点、車いす利用者の二次障害とリスクマネジメント　筆記試験

(2) B研修（歩行器、床ずれ防止、リフト編）2日間研修

1日目	床ずれ防止（講義） ・褥瘡対策に関する取り組みと変化 ・褥瘡と発生要因 ・体圧分散式マットレスの選定方法・不適切な選定事例 床ずれ防止（実習） ・体圧分散式マットレスの特性と用途・ポジショニング手法 歩行器（講義） ・杖・歩行器・歩行車の種類と歩行 歩行器（実習） ・お年寄りの疑似体験・杖の実習・歩行者の正しい乗り方 歩行器（実習） （評価スケールについて）
2日目	移動リフト（講義） ・身体機能から見たリフトの移乗方法　・リフトの種類・吊り具の種類 移乗リフト（実習） 筆記試験

7-3 福祉用具専門相談員の仕事

福祉用具の選定のための計画書作りが要求されている

受付・訪問・選定 福祉用具専門相談員の標準的な業務を見ていきましょう。多くの場合、最初はケアマネジャー等から電話で相談が入ってきます。福祉用具専門相談員の仕事が、普通の商品の扱いと違うのは、単にカタログから商品を選んで、それを届けることだけが仕事ではないということです。

まずは自宅に行き、福祉用具を使う人の体の状態や本人の希望を聞きます。どんな病気なのか、マヒや拘縮(こうしゅく)があるかどうか、どのような住環境か、生活をしていくなかでどんな動作をするのに不自由があるのかなど、家族など介護をする人も含めて細かく話を聞きます。

担当するケアマネジャーはもちろんですが、医療や看護、リハビリ等専門的な情報は、かかりつけ医や看護師、理学療法士などの専門家とも相談します。こうして得られた情報をもとに、その人にいちばん合った福祉用具を選定していきます。

福祉用具導入計画の作成・搬入・フィッティング 福祉用具選定にあたっては、使う人それぞれに**福祉用具導入の計画書（福祉用具サービス計画書）**を作成します。計画書には、年齢や身体情報等を記載することはもちろんですが、大切なことは、ケアプランにもとづき、たくさんの福祉用具のなかから、なぜその福祉用具を選定したのかという福祉用具導入の目的や、福祉用具の使用における注意点等を記載することです。

作成された計画書に本人の同意を得たうえで、福祉用具を自宅に搬入します。搬入にあたっては、設置する福祉用具の向きや位置、高さの調節といったことが大変に重要となってきます。

道具はただ導入するだけでは役に立ちません。使いこなしてもらってこそ、初めて本来の役目を果たすものです。これら一連の過程をフィッティングといいます。

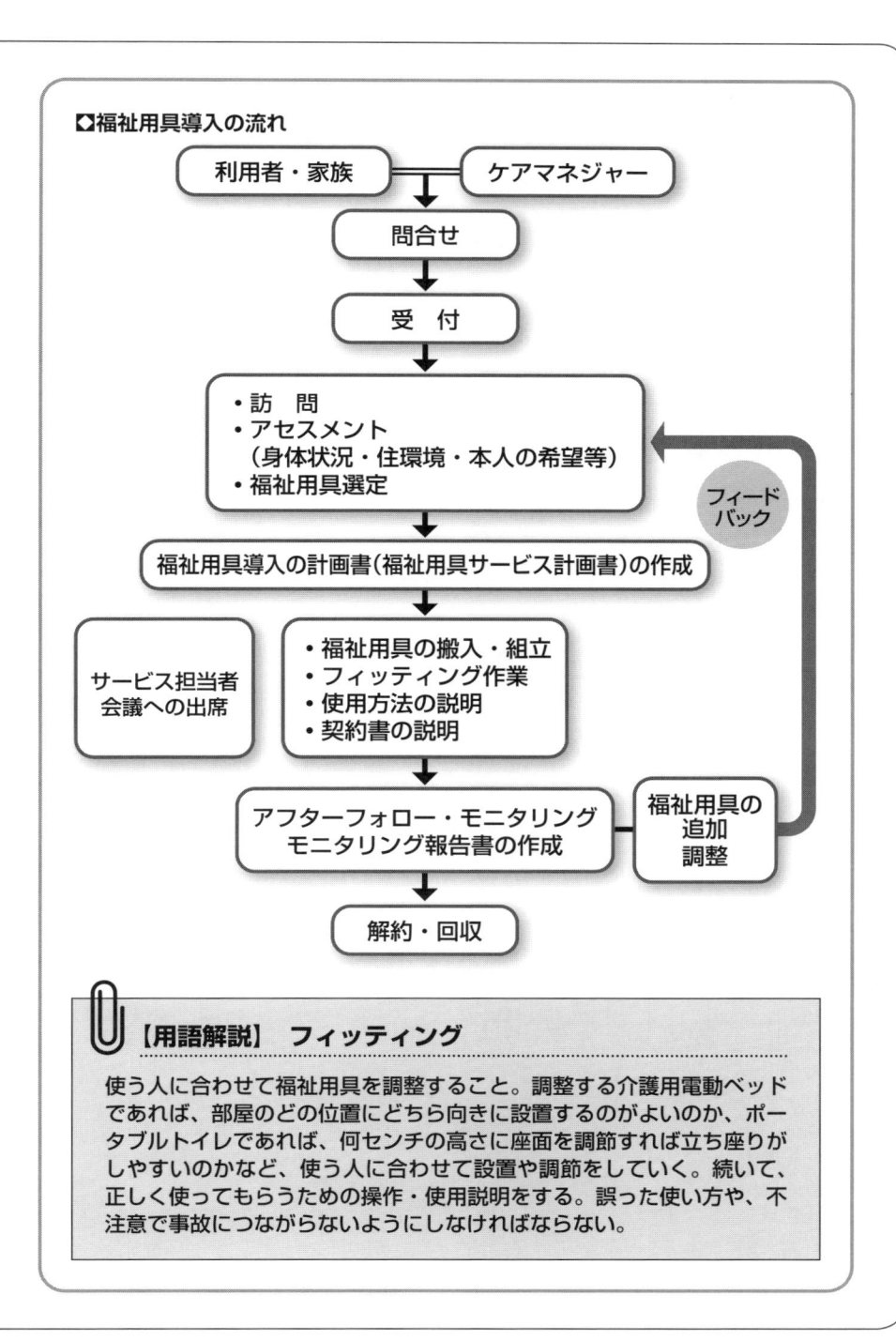

◘福祉用具導入の流れ

```
利用者・家族 ━━ ケアマネジャー
        ↓
      問合せ
        ↓
      受 付
        ↓
  ・訪 問
  ・アセスメント         ←── フィードバック
   (身体状況・住環境・本人の希望等)
  ・福祉用具選定
        ↓
  福祉用具導入の計画書(福祉用具サービス計画書)の作成
        ↓
  ┌─────────────┐  ┌─────────────────┐
  │サービス担当者│  │・福祉用具の搬入・組立│
  │会議への出席 │  │・フィッティング作業 │
  └─────────────┘  │・使用方法の説明   │
                    │・契約書の説明    │
                    └─────────────────┘
        ↓
  アフターフォロー・モニタリング ── 福祉用具の
  モニタリング報告書の作成          追加
                                    調整
        ↓
      解約・回収
```

【用語解説】 フィッティング

使う人に合わせて福祉用具を調整すること。調整する介護用電動ベッドであれば、部屋のどの位置にどちら向きに設置するのがよいのか、ポータブルトイレであれば、何センチの高さに座面を調節すれば立ち座りがしやすいのかなど、使う人に合わせて設置や調節をしていく。続いて、正しく使ってもらうための操作・使用説明をする。誤った使い方や、不注意で事故につながらないようにしなければならない。

7-4 福祉用具導入後の仕事

安心、安全に使ってもらうためのさまざまな業務

アフターフォロー　いったん導入した福祉用具が、導入目的に沿って問題なく使用されているか**定期的なアフターフォロー**が必要です。これが**モニタリング**です。身体状況や生活状況、介護をされている家族の状況に変化がないか、そしてそのことによって福祉用具の使いにくさや、操作方法等で困っているところがないか等を聞きます。もちろん福祉用具の部品の緩みや破損、動作の不具合がないかも点検します。身体状況の変化に合わせて、位置や高さの調整も行なうのです。モニタリングの結果はケアマネジャーに報告し、状況に応じて、福祉用具の入れ替えや交換、新たな福祉用具の導入が発生する場合もあります。

サービス担当者会議への出席　介護保険では福祉用具は、ケアマネジャーの作成したケアプランにもとづいて導入されます。したがって、介護状況の変化や、要介護度の変更、ほかのサービスプランの変更など、必要に応じてケアマネジャーからサービス担当者会議への出席を求められます。

サービス担当者会議では、本人はもとより、介護をしている家族や他のサービスを提供している担当者とともに、ケアプランの目標達成に向けて、福祉用具の専門家としての意見が求められます。福祉用具の商品知識だけではなく、医療・介護・リハビリテーション等の幅広い分野にわたって基本的な知識が不可欠です。

福祉用具のメンテナンス　福祉用具のなかで、もっとも使われている介護用ベッドや車いすはおもにレンタルで利用されています。レンタルということは、いろいろな人が繰り返し使うということになります。戻ってきた福祉用具は洗浄、消毒、メンテナンスの過程を経て、再び別な人が使用します。そのため、こうした衛生管理や安全に使っていただくためのメンテナンスが重要になってきます。

◘業務で使う書類の一例

モニタリングシート

福祉用具サービス計画

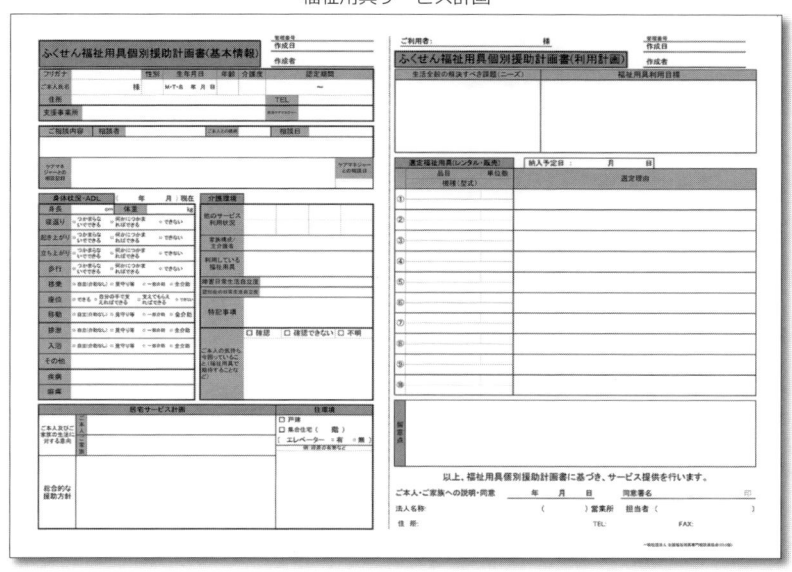

第7章 福祉用具の仕事

7-5 介護保険の対象になる福祉用具

> 選択肢の広がる福祉用具、福祉用具専門相談員の活躍場所

レンタル・購入の対象となっている福祉用具　介護保険制度では「介護用ベッド」や「車いす」など12種目の福祉用具がレンタルの対象に、「腰掛便座」(ポータブルトイレ)や「入浴補助用具」(シャワーチェア等)など5種目が購入の対象となっています。「**レンタル**」と「**購入**」の区分は、直接肌に触れるような福祉用具は「購入」、そうでないものは「レンタル」という考え方によります。

「購入」対象が5種目というと少ないように感じるかもしれませんが、たとえば「腰掛便座」だけをみても、素材や機能、色やデザイン等の違いで100種類を超える商品が出されています。昔は、北欧を中心とした諸外国の福祉用具が多く見られましたが、今は日本人の体形や日本の家屋状況に応じた福祉用具が開発されてきています。また、介護保険法の改正のたびに対象の福祉用具が増えてきています。使う人の目的に合った福祉用具を選定するにあたり、選択枝が広がっていくことは好ましいことです。

どこの介護ショップを利用するかで負担額が変わる　介護保険を利用することにより、福祉用具のレンタルや購入がしやすくなりました。ただし、福祉用具の場合は、他の介護保険のサービスを利用した場合の利用料と少し異なることがあります。

ホームヘルパーやデイサービスといった居宅サービスや、特別養護老人ホームや老人保健施設のサービスを利用した場合、介護度に応じて国が定めた一定額の利用料を支払うことになります。したがって、ほとんどの場合、その地域のどこの事業者を利用しても負担額は変わりません(食事代等、介護保険の対象外のサービス利用料は除く)。

しかし、**福祉用具の場合は、事業者によって同一の福祉用具であっても、レンタル料金や販売価額が異なることが一般的**です。隣の人とまったく同じ福祉用具をレンタルしていても、利用料が違うのです。

◆貸与（レンタル）の対象種目

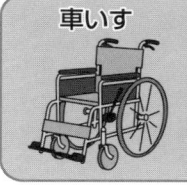

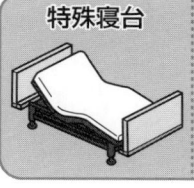

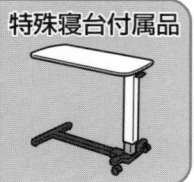

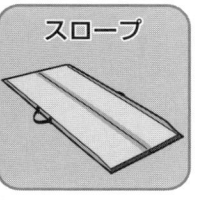

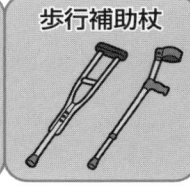

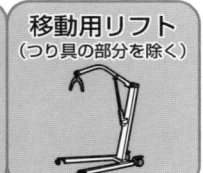

- 車いす
- 車いす付属品
- 特殊寝台
- 特殊寝台付属品
- じょく瘡予防用具
- 体位変換器
- 手すり
- スロープ
- 歩行器
- 歩行補助杖
- 認知症老人徘徊感知器
- 移動用リフト（つり具の部分を除く）

◆購入の対象種目

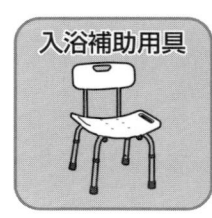

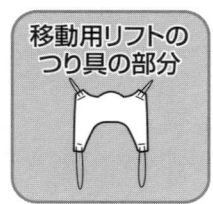

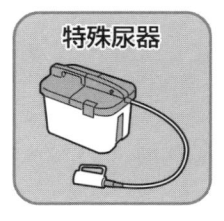

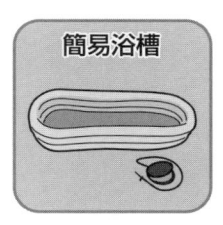

- 腰掛便座
- 入浴補助用具
- 移動用リフトのつり具の部分
- 特殊尿器
- 簡易浴槽

第7章 福祉用具の仕事

COLUMN
介護・福祉の仕事への思い ❼

　介護の分野において、訪問介護や入浴サービス、デイサービス、特別養護老人ホーム、グループホームなど、どちらかというと人を中心としたサービスに重点が置かれている職場や職種が多いなかで、福祉用具専門相談員はモノ（道具）を中心としたサービスを提供している仕事です。

　昔は福祉用具の種類も少なく、限られた福祉用具のなかから選ぶしかなかったこともありました。福祉用具に体を合わせて使っていたと言ってもいいかもしれません。しかし現在は、当時とはまったく逆で、福祉用具の種類が多すぎて、何を選んだらいいかよくわからない状況です。このような状況だからこそ、水先案内人としての福祉用具専門相談員の存在が欠かせません。

　福祉用具専門相談員は介護の現場だけではなく、新しい福祉用具を開発する分野で活躍することもあります。実際、私も何人かの福祉用具専門相談員と一緒に、福祉用具メーカーの新商品開発プロジェクトにかかわっています。福祉用具選定やフィッティング、アフターフォローを通じて感じたことやお客様の声、ケアマネジャーや介護職といった専門職の声を反映していくのです。

　また最近、次々と登場している最新技術を駆使した介護用ロボットが海外でも注目をされていますが、それらにも私たちの経験や知恵が活きています。日本が福祉用具先進国になる日が、もうそこまで来ているような気がします。

第8章

....

住宅改修の仕事

体の負担を減らす。自分らしく暮らす。
それも住宅改修の目的

8-1 住宅改修の仕事

> 福祉・保健・医療・建築の幅広い知識や技術が必要

やはり自宅に住み続けたい　加齢や疾病、不慮の事故などのために、日常生活で不自由が生じても、自分が希望する場所に住み、希望する生活のスタイルを営むという権利は、人間として基本的なものです。多くの人は長年住み慣れた家で暮らしたいと考えています。

60歳以上の高齢者が、身体が虚弱化したときに望む居住形態について調べた内閣府の調査結果を見てみると、「自宅に留まりたい（「現在のまま、自宅に留まりたい」と「改築の上、自宅に留まりたい」の合計）」とする人が約3分の2で、「住み慣れた家で住み続けたい」「愛着のある土地で、近隣との交流を続けたい」人が多いことがわかります。

高齢者は家で過ごす時間が長くなるのでバリアフリーだけでなく、快適に過ごせるように充分な採光や通風、適切な室温、窓から見える景色などもよく考えて計画する必要があります。

住居の環境整備を整えることによって、継続して住み続けることができるようになり、住宅内事故や寝たきりになることを防ぎ、介護をする人の労力の負担を軽減する効果もあります。

住宅改修　一般的に「**住宅改修**」というと、介護保険を使って工事をする場合を指すので、ここでは**介護保険制度の住宅改修費支給**の対象の工事を住宅改修、それ以外の工事を住宅改造とします。住む人の身体状況に合うように住宅の環境を整備し、住宅を使いやすく、継続的に住めるようにするための仕事です。

住宅改修を行なう人は、その専門知識を生かして、対象者や家族に合った住環境整備の提案や、各制度の活用の提案を行ない、他の専門職に適切に伝える橋渡しをしていきます。

◧住みなれた自宅で暮らしたい

◧虚弱化したときに望む居住形態

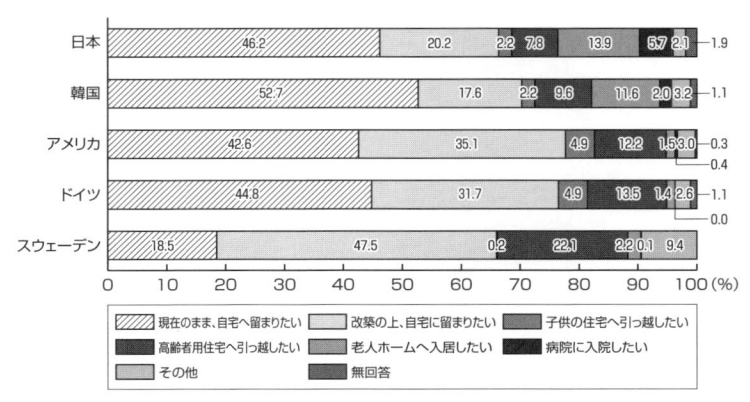

国	現在のまま、自宅へ留まりたい	改築の上、自宅に留まりたい	子供の住宅へ引っ越したい	高齢者用住宅へ引っ越したい	老人ホームへ入居したい	病院に入院したい	その他	無回答
日本	46.2	20.2	2.2	7.8	13.9	5.7	2.1	1.9
韓国	52.7	17.6	2.2	9.6	11.6	2.0	3.2	1.1
アメリカ	42.6	35.1	4.9	12.2	1.5	3.0	0.3	0.4
ドイツ	44.8	31.7	4.9	13.5	1.4	2.6	1.1	0.0
スウェーデン	18.5	47.5	0.2	22.1	2.2	0.1	9.4	

出所：内閣府「高齢者の生活と意識に関する国際比較調査」（平成22年）より作成
※調査対象は、60歳以上の男女

第8章 住宅改修の仕事

8-2 高齢者が住まいで感じる支障

日本の住宅は伝統的にバリア（障壁）が多く存在している

バリア　高齢になって、もしくは障害者になったために、自宅でお風呂を使えなくなったり、行きたいときにトイレに行けなくなったり、家族とともに食卓を囲むなど、日常的に当たり前のことができなくなったら、とても悲しいことです。

　日本の住宅は、靴を脱ぐことや入浴スタイルなどの住慣習、在来木造の工法や伝統的な内装などから段差が多いことが特徴の１つです。日本は高温多湿であるため、材料の主たる木材を長持ちさせるために、床を地面から上げる必要があり自然と段差が生じました。また、泥やほこりを家に入れないため、靴を脱いで住宅に入るのも合理的ですが、このことも段差を生じる要因になっています。住宅は、従来の尺貫法でつくられることが多く、車いすなどの使用を想定していないため、廊下の広さや扉の幅などが、車いすを使用して移動することをむずかしくしています。

家庭内事故と住宅で困っていること　『平成22年度版 高齢社会白書』によると、全国20の危害情報収集協力病院から提供された事故情報では、65歳以上高齢者は、20歳以上65歳未満の人より住宅内での事故発生の割合が高く、65歳以上高齢者の事故時の場所では、「居室」25.8％（1072件）、「階段」13.1％（543件）、「台所」11.9％（495件）の順になっています。住宅で困っていること（表１）を見てみると、その理由は、「住まいが古くなりいたんでいる」が14.3％でもっとも高く、「住宅の構造（段差や階段など）や造りが高齢者には使いにくい」が8.2％、「台所、便所、浴室などの設備が使いにくい」が7.2％の順となっています。

　高齢者が住まいで感じる支障は、階段や段差がもっとも多く、次いで浴室、トイレの使い勝手となり、水まわりの空間での支障も多いことがわかります。

◆家庭内事故の発生場所

(%)

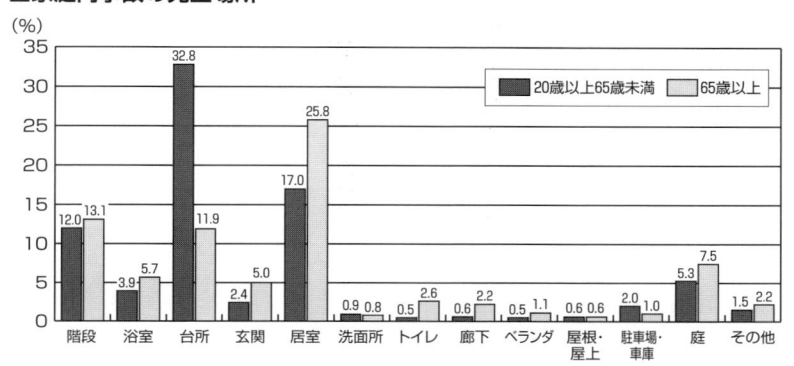

場所	20歳以上65歳未満	65歳以上
階段	12.0	13.1
浴室	3.9	5.7
台所	32.8	11.9
玄関	2.4	5.0
居室	17.0	25.8
洗面所	0.9	0.8
トイレ	0.5	2.6
廊下	0.6	2.2
ベランダ	0.5	1.1
屋根・屋上	0.6	0.6
駐車場・車庫	2.0	1.0
庭	5.3	7.5
その他	1.5	2.2

出所：国民生活センター「病院危害情報からみた高齢者の家庭内事故」（平成20年）より作成
※家庭内事故の発生場所については、不明・無回答を除く

◆住宅で困っていること

（総数=2,062、単位：%）

住まいが古くなりいたんでいる	14.3
住宅の構造（段差や階段など）や造りが高齢者には使いにくい	8.2
台所、便所、浴室などの設備が使いにくい	7.2
住宅が広すぎて管理がたいへん	6.4
家賃、税金、住宅維持費など住宅に関する経済的負担が重い	6.4
日当たりや風通しが悪い	4.3
住宅が狭い	4
部屋数が少ない	3.4
転居を迫られる心配がある	0.4

出所：内閣府「高齢者の住宅と生活環境に関する意識調査」平成22年より作成

8-3 介護保険の住宅改修概要と申請手順

> 介護保険における住宅改修の支給額には限度がある

介護保険の住宅改修概要　介護サービスには、**施設サービスや在宅サービス**があり、住宅改修は在宅サービスに含まれます。介護保険による給付は、在宅サービスを利用した際、**介護保険における住宅改修の支給限度基準額は介護度にかかわらず20万円**までです。その費用の9割、最高で18万円が介護保険より支給されます（限度額を超えた額については自己負担）。助成金は原則として1人に1度ですが、次の場合は、再度利用できます。

・転居して住所が変わる場合
・初回改修時の要介護状態区分から3段階以上、上がった場合

住宅改修としての支給は、現在の住宅を改修することを念頭においているので、新築の際に計画され、新築工事で設置された手すりなどは対象にはなりません。

介護保険の住宅改修費の支給申請手順　介護保険の給付を申請すると介護認定審査会により要介護（要支援を含む）と認定された被保険者に対して介護サービスが給付されます。

ケアマネジャーなどが住宅改修について必要であると認める「**理由書**」を作成します。施工会社に工事の見積りの作成を依頼します。役所に「申請書」「理由書」「見積もりや図面など」の書類などを提出します。このことを「住宅改修事前申請」といいます。

住宅改修事前申請が承認されたのち、工事に取り掛かります。工事にかかった費用を全額、施工会社へ支払います。工事完了後、役所に「**住宅改修費の支給申請**」をすることで、助成金（費用の9割、最大18万円）が指定口座に振り込まれます。

◘浴槽の縁に腰掛けるスペースがあり、安心して浴槽に出入りできるようにした例

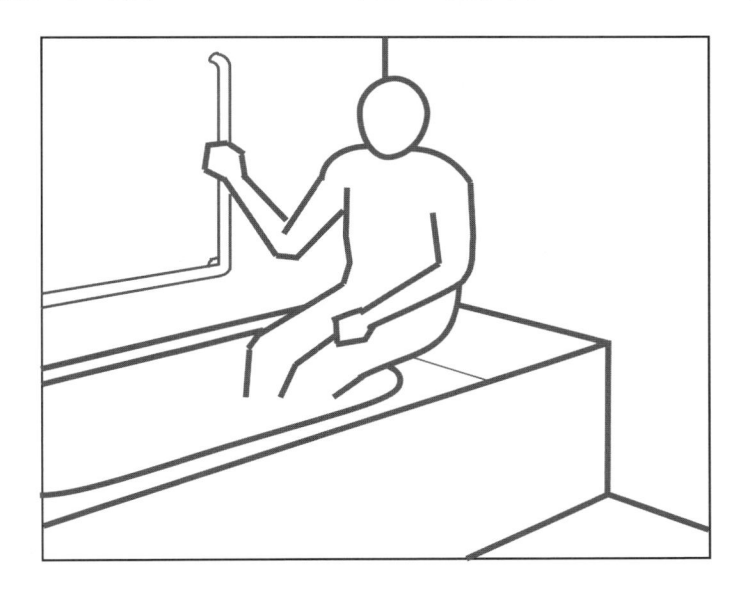

◘グレーチングを用い脱衣所と浴室間に段差をなくした例

8-4 住宅改修に携わる人々と資格

理由書を作成できる専門家は市町村で異なる

住宅改修「理由書」を作成できる資格　ケアマネジャーでなくても理由書を書けますが、どの資格を持っている者が理由書を作成できるかは市町村によって異なります。一般的には、**福祉住環境コーディネーター2級**以上、理学療法士（PT）、作業療法士（OT）などの有資格者や、**住宅改修アドバイザー**などの市町村が認めた認める資格の取得者、研修の受講修了者が理由書を書くことができるようです。

また、担当ケアマネジャーでない者が理由書を書く場合は、住宅改修もケアプランの一環なので、担当ケアマネジャーと連絡調整を行ないます。

具体的に計画する人の資格　実際に住宅改修の計画を行なう場合は、建築の知識が不可欠になります。ケアマネジャー、作業療法士、理学療法士など、建築を専門とする技術者でない場合は、実際に工事を行なう工務店の担当者などと、念入りに話し合う必要があります。

一方、建築士や大工などの建築を専門とする人が計画する場合は、福祉・保健・医療の知識を得られるようにケアマネジャー、作業療法士、理学療法士と連携をとることが望ましいといえます。

福祉住環境コーディネーターや市町村が独自に定めた住宅改修アドバイザーなどは、建築と福祉、保健・医療の中間ともいえますが、1人ですべての技能を備えているわけではないので、専門家とうまく連携をとりながら仕事をすべきでしょう。

住宅改修を施工する資格　施工を請け負うためには、建設業法による建設業許可を取得していることが必要ですが、工事一件の請負代金の額が500万円以下と軽微な施工の場合、許可がなくても営業や工事を行なうことができます。

高齢化も進み、住宅改修の需要が多くなるなか、最近は福祉住環境コーディネーターを採用する工務店も多くなっています。

◘住宅改修費の支給申請手順

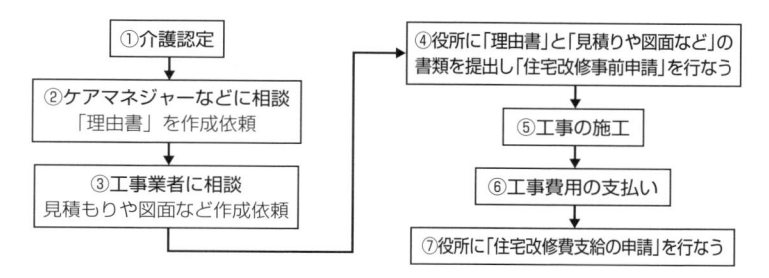

```
①介護認定
    ↓
②ケアマネジャーなどに相談
  「理由書」を作成依頼
    ↓
③工事業者に相談
  見積もりや図面など作成依頼
    ↓
④役所に「理由書」と「見積りや図面など」の書類を提出し「住宅改修事前申請」を行なう
    ↓
⑤工事の施工
    ↓
⑥工事費用の支払い
    ↓
⑦役所に「住宅改修費支給の申請」を行なう
```

◘住宅改修に関わる資格

福祉住環境コーディネーター

医療・福祉・建築について幅広い知識を身につけ、さまざまな専門職と連携をとりながら住環境の相談に応じる。東京商工会議所が主催し1級から3級まである。1級は申込登録の時点で2級に合格していることが求められる。学歴・年齢による受験の制限はない。介護保険の住宅改修費支給の申請に関する理由書は、2級以上の資格者が作成できる。ホームヘルパー、介護福祉士、社会福祉士、建築士などの現場で働く人がさらに福祉住環境コーディネーターの資格をとることも多いが、地域住民の悩みの相談に乗る行政や相談機関でも福祉住環境コーディネーターは役割を果たしている。

建築士

「建築士法」に定められた、建物の設計・工事監理を行なう建築を専門とする技術者で、国家試験により与えられる。建築士は、一級、二級、木造の3つの資格に分かれており、建物の規模、用途、構造に応じて、取り扱うことのできる業務範囲が定められている。建築士になるには、大学や高校の建築の専門教育を受け卒業後、必要とされる建築に関係する実務経験の年数を経て、受験資格が得られ、試験に合格する必要がある。実務経験の必要年数は、受験する建築士の種類、卒業した大学と学科によって異なる。

その他、おもに市町村が独自に定めた資格

住宅改修の専門家（住宅改修アドバイザーなど）として、市町村が独自に定めた資格がある。高齢者の安全と身体機能の状況等を配慮し、ケアマネジャー等への助言や支援を行ない、住宅改修を担当している。登録方法、認定方法は市町村でさまざまである。福祉、建築、医療関係の事業所に所属し、福祉住宅環境整備に関連の資格を持ち、あらかじめ市町村に登録するという形が多い。

＊介護支援専門員（ケアマネジャー）、作業療法士、理学療法士はほかの章で解説されているので、ここでは、住宅改修に関わる他の資格について解説している

8-5 住宅改修の工事

住宅改修においては、6項目が対象となる

検討事項　住環境の改善を介護保険の支給対象の住宅改修のみで行なおうとすると、比較的小規模になりますが、現在の住宅に住み続けることがある程度可能となることも多いです。もちろん、十分でない場合は自費で大掛かりな住宅改造をする人もいます。

手すりの設置、段差解消、引き戸へ変更、洋式トイレに変更などの住宅改修の工事と福祉用具の利用により改善を進める際には、被保険者の身体状況や行動および生活スタイルをよく考慮し、効果的に介護保険制度を利用して住環境整備を行なえるように検討するべきです。住宅改修の工事は、次の6項目が対象となります。

①手すりの取り付け
②段差の解消
③滑りの防止および移動の円滑化等のための床または通路面の材料の変更
④引き戸等への扉の取り替え
⑤洋式便器等への便器の取り替え
⑥その他①から⑤の住宅改修に付帯して必要となる住宅改修

水まわりの問題は深刻　要介護者のいる家庭において、浴室・トイレでは「寒い」「狭い」「手すりがない」などで、台所では「流しの高さが合わない」などが支障となっています。また、入浴するために脱衣所で着替えて浴室に入ろうとすると、床には水を返すために段差がありますし、入浴は排せつと違い、入れなくても命に別状はないと改修をあきらめてしまうのです。

しかし、浴室に少し工夫をすれば、自宅で入浴を続けられる人もたくさんいます。また、冬の脱衣所や浴室は、裸になるために身体も急激に冷やされやすい場所です。暖房施設や断熱性の向上などの配慮が必要です。

◘住宅改修の工事の6項目

①手すりの取り付け

②段差の解消

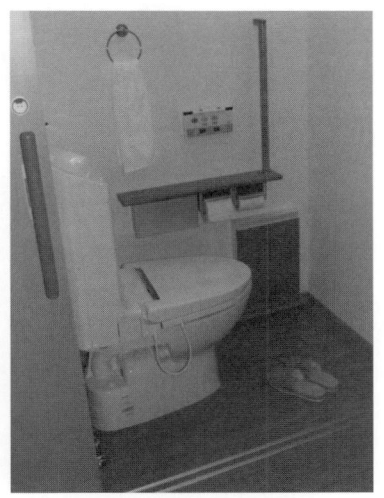

③床材を畳からフローリングに変更

④引き戸への扉の取替え

⑤洋式便器へ取替え

⑥住宅改修に付帯して必要となる住宅改修
（手すり取付けのための壁の下地補強）

COLUMN 介護・福祉の仕事への思い ❽

　自分や家族が加齢により身体機能が低下したり障害をおったりしたときに困らないように、住宅は新築する当初から、長く安全に住めるように考慮して計画するべきです。そうすることで、必要なときに、間取りの変更などの改修の費用が少なくすみ、また介護の費用や肉体的負担を低減します。安心安全で快適な住宅は、住宅が持つべき基本的な要素であり、決して特殊な住宅だけが求められる機能ではありません。事故や病気により車いすや杖が一時的に必要になる可能性がありますし、また高齢者や障害者だけではなく妊婦や乳幼児を含めてだれもが対象となります。

　住戸の計画は、靴を脱ぐことや入浴スタイルなど日本の住慣習や伝統も考慮したうえで、大きな労力を用いなくても利用でき、メンテナンスコストもあまりかからないように材料・設備・構造を選定し、時間的推移にも対応できることが必要です。しかし、良好な住環境を築くためにもっとも大切なことは、家族や近隣と交流しやすく、見守り見守られやすい計画であり、光や風の取り入れ方にも心を配り、窓からの景色を楽しむことができること、つまり、家族の様子や家の周囲の自然などを感じられる工夫があることです。

　さらに、もう1つ忘れてはならないことは、住む人の好きなインテリアを取り入れるなどインテリアデザインにも気を配り、すっきりと住めるように収納スペースなどにも配慮した計画であることです。

第9章

高齢者住宅等で働く仕事

介護サービスが必要になっても安心して
生活できる「自分の家」

9-1 高齢者をとりまく環境の変化

家族に介護してもらうことが当たり前ではなくなった

介護問題の理由 かつて、日本のほとんどの家庭は、おじいちゃん、おばあちゃんが同居し、多世代で構成される拡大家族がほとんどでした。しかし、少子高齢化が進む現代においては核家族化し、**高齢者のみ世帯が増えています**。

2009年においては、高齢者のみの世帯が全体の約20％を占めるまでに増加し、家庭のなかで子どもや孫、お嫁さんが自然に高齢者を介護する環境が少しずつなくなってきているといえるでしょう。

とくに、最近では一人暮らしや高齢夫婦のみの世帯、かつ、認知症の高齢者が増えてきていることで、24時間365日の見守りや支援が必要な高齢者が増えてきています。身近に支援をしてくれる人がいないと生活ができない高齢者が増えてきているのです。

要介護者の増加 一人暮らしや高齢者のみの世帯が増加するのにともない、介護を必要とする高齢者（要介護・要支援者）は増え続けています。

平均寿命の長いわが国においては、今後も高齢者の増加は続き、**2055年には全人口に占める75歳以上の高齢者の割合が25％を超える**ともいわれています。今後ますます、家庭における介護はむずかしくなり、高齢者を支える環境は悪化していくことが予想されます。

高齢者の生活を支える 現代社会においては、両親と離れて暮らす子どもが増え、家庭内での介護が行なわれにくい環境に変わりつつあります。また、これまで当たり前と思われがちだった、家庭内での介護が望めなくなってきたとはいえ、同時に子どもや孫に面倒をかけたくないという高齢者も増えています。

◆今後の介護保険を取り巻く状況について

①65歳以上高齢者のうち、認知症高齢者が増加していく

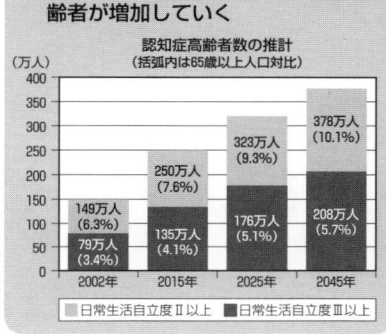

認知症高齢者数の推計
（括弧内は65歳以上人口対比）

年	日常生活自立度Ⅱ以上	日常生活自立度Ⅲ以上	合計
2002年	149万人 (6.3%)	79万人 (3.4%)	
2015年	250万人 (7.6%)	135万人 (4.1%)	
2025年	323万人 (9.3%)	176万人 (5.1%)	
2045年	378万人 (10.1%)	208万人 (5.7%)	

②世帯主が65歳以上の世帯のうち、単独世帯や夫婦のみの世帯が増加していく

高齢者世帯の推計
（括弧内は高齢世帯のうち単独世帯及び夫婦のみ世帯の割合）

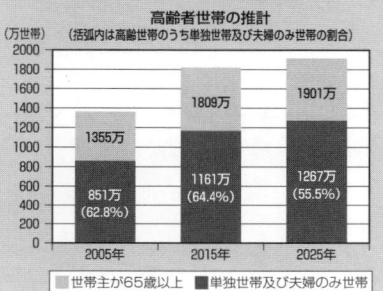

年	世帯主が65歳以上	単独世帯及び夫婦のみ世帯
2005年	1355万	851万 (62.8%)
2015年	1809万	1161万 (64.4%)
2025年	1901万	1267万 (55.5%)

◆要介護度別認定者数の推移

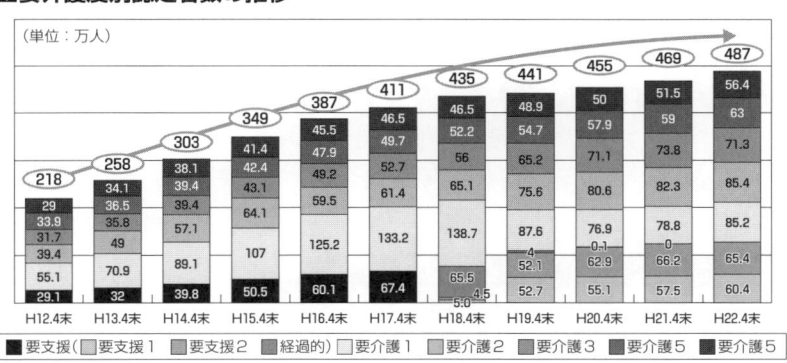

（単位：万人）

	H12.4末	H13.4末	H14.4末	H15.4末	H16.4末	H17.4末	H18.4末	H19.4末	H20.4末	H21.4末	H22.4末
合計	218	258	303	349	387	411	435	441	455	469	487
要介護5	29	34.1	38.1	41.4	45.5	46.5	46.5	48.9	50	51.5	56.4
要介護5	33.9	36.5	39.4	42.4	47.9	49.7	52.2	54.7	57.9	59	63
要介護3	31.7	35.8	39.4	43.1	49.2	52.7	56	65.2	71.1	73.8	71.3
要介護2	39.4	49	57.1	64.1	59.5	61.4	65.1	75.6	80.6	82.3	85.4
要介護1	55.1	70.9	89.1	107	125.2	133.2	138.7	87.6	76.9	78.8	85.2
経過的							5.0	-4	-0.1	0	
要支援2							65.5	52.1	62.9	66.2	65.4
要支援1				50.5	60.1	67.4	4.5	52.7	55.1	57.5	60.4
要支援	29.1	32	39.8								

出所：「介護保険事業状況報告」他より作成

◆介護が必要になった場合の介護の希望

平成22年5月15日

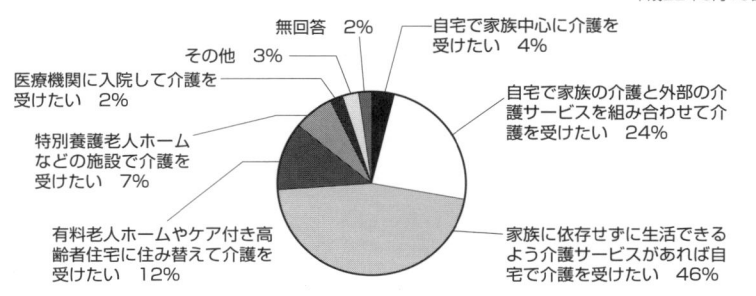

- 無回答 2%
- その他 3%
- 医療機関に入院して介護を受けたい 2%
- 特別養護老人ホームなどの施設で介護を受けたい 7%
- 有料老人ホームやケア付き高齢者住宅に住み替えて介護を受けたい 12%
- 自宅で家族中心に介護を受けたい 4%
- 自宅で家族の介護と外部の介護サービスを組み合わせて介護を受けたい 24%
- 家族に依存せずに生活できるよう介護サービスがあれば自宅で介護を受けたい 46%

出所：「介護保険制度に関する国民の皆さまからのご意見募集（結果概要について）」厚生労働省老健局より作成

9-2 高齢者の暮らしに必要なサービス

高齢者の生活を支えていくために必要な4つのサービス

1. 生命を維持するために必要な支援　人間は食事や排せつなど、**生命を維持するために最低限必要**で、毎日、欠かさず行なわなければならないことがあります。しかし、高齢者のなかには自力では食事や排せつなどができず、人の手を借りなければならない人がいます。

　また、生命を維持するためには、病気の治療や病後の療養など、健康面に対する医療的なサービスも必要とされます。

2. 生活を維持するために必要な支援　生命を維持することができるのは当然として、買い物や掃除、洗濯など、身の回りの環境を整え、快適な生活を送ることができるようになります。一人暮らしや高齢者のみの世帯においては、**生活環境の維持**にも支援が必要となります。とくに、重いものを持ったり、腰をかがめたり外出することがむずかしくなった高齢者には、掃除・洗濯・買い物などの生活を支えるサービスが欠かせません。

3. 生きがい作りのために必要な支援　生命や生活の維持だけでなく、「生きる活力＝生きがい」がなければ、**人間らしい生活**を送ることはできません。

　介護が必要になっても、生きがいをもって、いきいきとした生活を送ることで、より充実した生活を送ることができます。自分の趣味や楽しみを見つけて、行動意欲を高めることも高齢者には必要なのです。

4. 社会とのつながりを保つための支援　高齢者の生活は、放っておくと人と接したり、友達をつくる機会が少なくなりがちです。とくに介護が必要で外に出ることがむずかしい人は、**社会とのつながりをもつこと自体**をあきらめてしまいがちです。

　しかし、機会があれば誰かの役に立つこともできるのですから、社会とのつながりを保つことは欠かせません。高齢者の社会参加の機会を保つことも、高齢者支援の1つであるといえます。

◖高齢者が快適に暮らすための支援

要支援・要介護高齢者

4. 社会との
つながりを
保つための支援

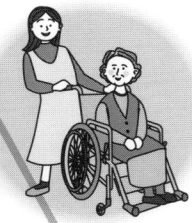

3. 生きがい作りのために
必要な支援

2. 生活を維持するために
必要な支援

1. 生命を維持するために必要な支援

9-3 高齢者サービスの実態

> 介護保険サービスだけでは解決できないさまざまな問題がある

一人暮らしや高齢者のみ世帯 介護保険でのサービスを活用することで、住み慣れた自宅で生活する一人暮らしや、高齢者のみの世帯が増える一方、課題もあります。

たとえば、昼間はヘルパーがきてくれるけれども、夜は一人で過ごさなければいけなかったり、1日に数回トイレに行く必要があるのに、ヘルパーによる介護を受けられるのは1日1回だったりなど、**介護保険サービスだけでは解決できないさまざまな問題があります。**

施設に入ることができる高齢者 24時間365日介護が受けられる、特別養護老人ホームなどの施設に入所した高齢者は、安心した生活が送れるかもしれません。しかし、ほかの入所者との共同生活となるため、自宅のように、自由な生活を送れなくなることが少なくありません。

また、現在の日本では、特別養護老人ホームの待機者が42万人ともいわれ、施設に入所するには何年も空きを待たなければいけません。**施設に入ることができる高齢者は、実はごくわずかなのです。**

高齢者はどこで生活すればいいのか 住み慣れた自宅で生活を続けたいが、家族による介護はむずかしくなります。しかし、介護サービスだけでは充分でない、介護施設は空きがなくて入れない高齢者もいます。では、高齢者はどこで生活すればいいのでしょうか。

一人暮らしや高齢者のみでの生活を継続していくこと自体が、非常にむずかしい時代になってきているのです。安心して生活できる住まいと、そこでの生活を支えるサービスを高齢者に提供することが必要となってきています。

◆特別養護老人ホームの介護の例

時刻	必要な介護				ヘルパーによる介護	施設での介護
7:00	起床	洗面	トイレ	着替え		
8:00	朝食	配膳	服薬	下膳		配膳・服薬・下膳
9:00	洗濯					
10:00	掃除				トイレ 食事作り・配膳 掃除 洗濯	掃除・洗濯
11:00		トイレ				トイレ
12:00						
13:00	昼食	配膳	服薬	下膳		配膳・服薬・下膳
14:00						
15:00						
16:00		トイレ				トイレ
17:00						
18:00						
19:00	夕食	配膳	服薬	下膳		配膳・服薬・下膳
20:00		トイレ				トイレ
21:00						
22:00						
23:00	就寝	洗面	トイレ	着替え		洗面・トイレ・着替え
0:00						
1:00						
2:00						
3:00						
4:00		トイレ				トイレ
5:00						
6:00						

9-4 高齢者の住まい

> 高齢者向けの賃貸住宅建設が盛んになっている

高齢者が住んでいる場所　高齢者の約96％がこれまで長年住んできた自宅で暮らしています。介護が必要な人でも、約77％が自宅に住んでいるので、高齢者を自宅で介護する環境づくりが欠かせません。

その多くは、訪問介護・通所介護などの介護保険サービスの利用により生活を成り立たせていますが、一人暮らしで重介護が必要な人などは、介護保険だけでは充分なサービスが受けられないこともあります。また、退院できるまでに病状がよくなったのにもかかわらず、家族の協力が得られないなどの理由から、自宅に戻ることができない高齢者も問題視されています。

そのような環境のなか、高齢者を支える新たな住まいとして、高齢者向けの賃貸住宅が盛んに建設されています。なかでも、**サービス付き高齢者向け住宅**と呼ばれる、高齢者のみを入居者とし、安否確認や生活相談などのサービスを受けることができる住宅が増えてきています。これからの少子高齢社会において、サービス付き高齢者向け住宅は高齢者の生活を守るものと注目されています。

サービス付き高齢者向け住宅では、設備、サービスなどに関する次の基準が決められています。

- ■建　　物：床面積は原則25㎡以上（居間、食堂等を共同で利用する場合には18㎡以上）、構造・設備がバリアフリー（廊下幅、段差解消、手すり設置）であることなどの一定の基準を満たすこと
- ■サービス：少なくとも安否確認・生活相談などのサービスを提供すること
- ■契約内容：長期入院を理由に事業者から一方的に解約できないこととしているなど、居住の安定が図られた契約であること。敷金、家賃、サービス対価以外の金銭を徴収しないこと

◘高齢者の居住の場

○**高齢者の8割以上**は持家世帯
65歳以上の持家率は85.7%

○**高齢者の9割以上**は在宅
第1号被保険者2,751万人のうち2,646万人(96%)が在宅

○要介護の高齢者も**約8割**が在宅
要介護認定者453万人のうち348万人(77%)が在宅介護

	持家	非持家
29歳以下	12.5%	87.5%
30歳代	43.1%	56.9%
40歳代	70.2%	29.8%
50歳代	80.3%	19.7%
60歳代	84.7%	15.3%
70歳代	86.0%	14.0%
(別掲)65歳以上	85.7%	14.3%

出所:「平成19年 家計調査」(総務省統計局)より作成

第1号被保険者数 2,751万人		
要支援・要介護認定者以外の者 2,298万人 (84%)		要支援・要介護認定者 453万人 (16%)
在宅 2,298万人 (84%)	在宅 348万人 (12%)	施設等 105万人 (4%)

※第1号被保険者数、要支援・要介護認定者数については、平成19年度介護保険事業状況報告より、平成19年度末の数値。
※施設等入所者数については、平成19年介護サービス施設・事業所調査結果の概況より、介護保険3施設の在所者数及び認知症対応型共同生活介護、特定施設入所者生活介護の利用者数の合計。

◘サービス付き高齢者向け住宅以外の高齢者の住まい

施設種別	説明	備考
特別養護老人ホーム	65歳以上の者であって、身体上または精神上著しい障害があるために常時の介護を必要とし、かつ、居宅においても常時の介護を受けることが困難な高齢者に対して、入所サービスを提供する施設	要介護者(要介護1以上の方)が対象
養護老人ホーム	65歳以上の者であって、環境上の理由及び経済的理由により居宅での生活が困難な者を入所させ、社会復帰の促進や自立した生活を送ることができるよう、必要な指導および訓練等を行なう施設	
老人保健施設	要介護者に対し、在宅復帰をめざして、看護、医学的管理下での介護、機能訓練等の必要な医療、日常生活上の世話を行なうことを目的とした施設	要介護者(要介護1以上の方)が対象
介護療養型医療施設	療養病床等をもつ病院または診療所の介護保険適用部分に入院する要介護者に対し、療養上の管理、看護、医学的管理の下における介護その他の世話、機能訓練その他必要な医療を行うことを目的とする施設(2018年度まで延期)	要介護者(要介護1以上の方)が対象
軽費老人ホーム ケアハウス A型 B型	・低額な料金で、家庭環境、住宅事情等の理由により居宅において生活することが困難な老人を入所させ、日常生活上、必要な便宜を供与する施設 ・軽費老人ホームには、生活相談、入浴サービス、食事サービスの提供を行なうとともに、車いすでの生活にも配慮した構造を有する「ケアハウス」を主として、他に食事の提供や日常生活上必要な便宜を供与する「A型」、自炊が原則の「B型」がある	
有料老人ホーム	・老人を入居させ、入浴・排せつ・食事の介護、食事の提供、洗濯・掃除等の家事、健康管理を提供することを目的とする施設 ・有料老人ホームには、ホームの職員が介護保険のサービスを提供する「介護付」、ホームは介護サービスを提供せず、入居者が要介護状態となった場合は、入居者みずからが外部の介護サービス事業者と契約して介護サービスを利用する「住宅型」、ホームは介護サービスを提供せず、介護が必要となった場合には契約を解除して退去する「健康型」がある	
認知症高齢者グループホーム	認知症の高齢者が、小規模な生活の場(1単位5人〜9人の共同居住形態)に居住し、食事の支度、掃除、洗濯等をグループホームの職員と共同で行ない、家庭的で落ち着いた雰囲気の中で生活を送ることを目的とするもの	要支援者(要支援2のみ)、要介護者(要介護1以上の方)が対象

9-5 サービス付き高齢者向け住宅

サービス付き高齢者向け住宅がスタートする

老人ホームとの違い　サービス付き高齢者向け住宅は厚生労働省が所管する有料老人ホームと異なり、契約をすると**賃貸借権**を得ることができるため、建物側の都合により退去させられることがありません。サービス付き高齢者向け住宅に入居する場合、貸主との賃貸借契約を締結し、毎月の家賃や共益費を支払うことになります。特別養護老人ホームなどの介護保険を利用した施設とは異なり、**家賃や共益費などの設定は住宅ごとに異なります**。また、住宅ごとに提供されるサービスに応じて、食費やサービス管理費などを毎月支払う場合もあります。有料老人ホームで一般的に徴収される「一時入居金」はなく、入居時には敷金を支払うだけで入居できます。敷金は、通常の賃貸住宅同様に退去時には返還されます（退去時の部屋の汚れ具合によるクリーニング代や原状復帰にかかる費用は敷金で精算）。

※2011年4月に「**高齢者住まい法**」が改正され、有料老人ホームの一部と高齢者専用賃貸住宅は、**サービス付き高齢者向け住宅**として一本化されました。

サービス付き高齢者向け住宅で受けられるサービス

現在の法律で定められているサービス付き高齢者住宅では、建物・設備についての明確な基準はありますが、サービスについての基準はあまり厳しく定められていません。そのため、各サービス付き高齢者住宅を運営する事業者によって、サービス内容はさまざまです。サービスとして最低限行なわなくてはならない「安否確認・生活相談」以外に提供されるサービスとして、食事の提供や掃除、洗濯などを行なう住宅もありますが、利用する介護サービスについては、別途契約が必要となります。

また、高齢者住宅によっては、同じ住宅内に介護サービス事業者が併設していることもあり、その事業者のサービスを受けることもできますし、別の介護事業者のサービスを利用することもできます。

◘高齢者住まい法等のおもな改正概要

改正前

【高齢者住まいの種類】
○高齢者円滑入居賃貸住宅（高円賃）
⇒高齢者の入居を拒まない住宅
○高齢者専用賃貸住宅（高専賃）
⇒専ら高齢者を受け入れる住宅
○高齢者向け有料賃貸住宅（高優賃）
⇒良好な居住環境を備えた住宅

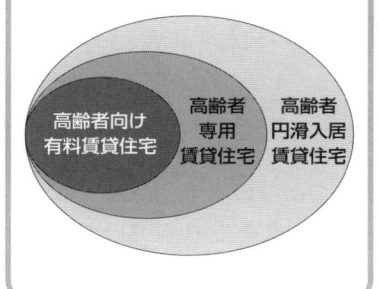

（高齢者向け有料賃貸住宅 ⊂ 高齢者専用賃貸住宅 ⊂ 高齢者円滑入居賃貸住宅）

改正後

【高齢者住まいの種類】
○高円賃・高専賃・高優賃を廃止し、サービス付き高齢者向け住宅に一本化

サービス付き高齢者向け住宅登録制度導入

【登録基準】
○住宅規模・構造のバリアフリー義務付け
○サービス提供（安否確認・生活相談必須）
○賃貸借契約等で居住の安定が図られる
○前払い家賃等の保全措置

【登録事業者の義務】
○登録事項の情報開示
○入居者に対する契約前の説明等

【業績による指導監督】
○報告による監督・指示
○立ち入り検査による監督・指示

◘サービス付き高齢者住宅のサービス内容

サービス付き高齢者住宅では、以下のようなサービスを受けることができる

選べるサービス
- 医療サービス（医療保険を利用した通院による医療や在宅医療など）
- 介護サービス（介護保険を利用した訪問介護・通所介護など）

＋

基本サービス
- 生活支援サービス（安否確認・生活相談・食事提供・掃除洗濯など）
- 住まい

9-6 サービス付き高齢者向け住宅での生活

> 高齢者がサービス付き高齢者向け住宅で生活する3つのメリット

スタッフや隣人の存在 サービス付き高齢者向け住宅のメリットで一番に挙げられるのは「一人ではない安心感」です。一人暮らしや高齢者のみの世帯の不安は、何かあったときに誰にも助けてもらえない環境で生活しなければいけないことです。とくに夜間に不安が大きくなるようです。サービス付き高齢者向け住宅での生活では、スタッフやほかの高齢者がいる安心感を得られます。

また、高齢者の一人暮らしにありがちな引きこもりの防止のために、多くの建物では「談話室」や「デイルーム」などと呼ばれる、日中入居者が交流するスペースが確保されていることが多いようです。

生活全般に対する支援 サービス付き高齢者向け住宅では、生活援助員（LSA）などによる生活相談のサービスを必ず提供することになっています。そのなかで、高齢者の日々の生活における困りごとに対する相談や、介護サービス利用についてのアドバイスなどを受けることができます。

住宅によっては、生活相談専門のスタッフを配置しているところもあり、これからの生活をどう送るかについて、入居者個別に具体的な目標を設定し、目標達成に向けたサービスの計画を作成しているところもあります。

医療や介護のサービスが受けやすい サービス付き高齢者向け住宅には、介護保険の事業者が併設しているものもあります。たとえば、訪問介護事業所が併設しており、介護保険サービスはその事業所のスタッフにより提供されたり、**通所介護**（デイサービス）が併設されていて、自分の住む住宅内にあるデイサービスに通うことができるなど、高齢者が介護保険を利用しやすいように工夫されているものがあります。

また、クリニックや薬局が併設されていたり、訪問看護ステーションが併設されているなど、高齢者の日常生活に欠かせない**医療サービス**（胃ろう・吸引など）を簡単に受けられる建物もあります。

◘住宅生活で不安なこと

既往症の経過	件数	就寝中に体の具合が悪くなった際の対応	入浴中に寝入ってしまうこと	いつも飲んでいる薬を切らしてしまったとき	火やガスの始末	振り込めサギや悪質商法の被害にあうこと	自然災害や近所の家事の際の避難その他の対応	火やガスの始末	無回答
合計	170 100	117 68.8	3 1.8	5 2.9	28 16.5	13 7.6	74 43.5	24 14.1	2 1.2
治療中	63 100.0	39 61.9	1 1.6	2 3.2	11 17.5	7 11.1	26 41.3	11 17.5	1 1.6
経過観察中	71 100.0	52 73.2	2 2.8		12 16.9	6 8.5	37 52.1	7 9.9	
治癒	8 100.0	6 75.0		1 12.5			2 25.0		1 12.5
その他	6 100.0	3 50.0		1 16.7	1 16.7		3 50.0	1 16.7	

出所：平成21年度・老人保健健康増進等事業報告書

> アンケート調査によれば、「就寝中に体の具合が悪くなった際の対応」が68.8％ともっとも多く、次いで「自然災害や近所の火事の際の避難その他の対応」が43.5％を占めている

◘サービス付き高齢者住宅と介護保険の連携イメージ

日常生活や介護に不安を抱く「高齢単身・夫婦のみ世帯」が、特別養護老人ホームなどの施設への入所ではなく、住み慣れた地域で安心して暮らすことを可能とするよう、新たに創設される「サービス付き高齢者住宅」（高齢者住まい法：国土交通省・厚生労働省共管）に、24時間対応の「定期巡回・随時対応サービス」（介護保険法：厚生労働省）などの介護サービスを組み合わせたしくみの普及を図る。

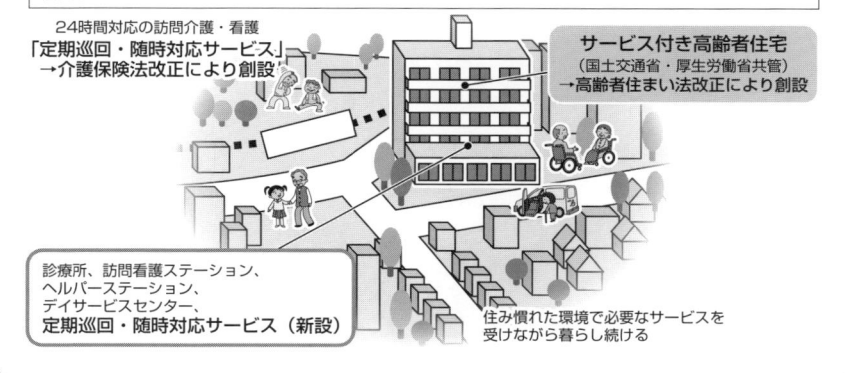

24時間対応の訪問介護・看護
「定期巡回・随時対応サービス」
→介護保険法改正により創設

サービス付き高齢者住宅
（国土交通省・厚生労働省共管）
→高齢者住まい法改正により創設

診療所、訪問看護ステーション、
ヘルパーステーション、
デイサービスセンター、
定期巡回・随時対応サービス（新設）

住み慣れた環境で必要なサービスを受けながら暮らし続ける

第9章 高齢者住宅等で働く仕事

9-7 サービス付き高齢者向け住宅で働く人

提供するサービスによって求められる資格は異なる

介護資格保有者が多い 一般的に、サービス付き高齢者向け住宅に住んでいる高齢者は、何らかの介護を必要としています。そのため、サービス付き高齢者住宅で働く人は介護の資格をもっている場合が多くなります。

たとえば、介護福祉士・訪問介護員1級・2級、看護師など、介護に関する資格をもっているスタッフをそろえて、入居者の要介護度が重度になっても対応できる体制を整えているところが多くあります。ただし、そのサービス付き高齢者住宅でどのようなサービスを提供するかによって、必要な資格は異なります。

仕事内容 サービス付き高齢者向け住宅でのサービスは、運営する法人によってさまざまですが、大きくは住んでいる高齢者に直接サービスを行なう仕事と、そのサービスに付随する多様な調整を行なう仕事に分けられます。

また、サービス付き高齢者向け住宅に介護保険サービス事業者が併設されている場合、サービス付き高齢者向け住宅の運営と介護保険サービス両方の仕事を行なう場合もあります。

サービスの調整 介護支援専門員、医療機関、他の介護サービス事業者・家族などとの連絡を調整したり、サービスの予定管理や提供実績の管理を行ないます。また、生活相談のサービスを提供するにあたって、どんな生活を送りたいか、そのためにどんなサービスを利用したいかなどを高齢者本人と相談しながらプランニングしていくことが必要です。そのため、生活相談を行なうスタッフは、社会福祉士などの資格をもっている場合もあります。

直接行なうサービス 排せつ・入浴・食事介助・着替え・洗顔・歩行の介助といった**身体介護**、清掃・洗濯・買い物といった**生活援助**、安否確認や生活相談、アクティビティ運営などの**生活支援サービス**が挙げられます。

◆高齢者のプランニングの例

事例　要介護2（男性：81歳）

概要

- 入居のきっかけ…半年前に妻を亡くして、これまでは娘が家事全般をやってくれていた。しかし、娘が体調を壊したことをきっかけに入居を決めた。
- 現在の身体状況…足腰が弱ってきたものの、なんとか自分で自分のことはできる。夜間必ず1回〜2回トイレに行くが、トイレまでの移動には不安がある。
入浴については、一人では不安がある。
- ご家族との関係…半年前に妻が他界。娘家族との関係は良好なものの、娘の体調が気にかかり、なるべく頼らずに生活したいと考えている。
- 本人の希望………妻を亡くして気落ちしていたが、入居をきっかけに楽しく生活を送りたい。家事全般はこれまで妻や娘に任せていたが、自分でやってみたい気持ちになっている。読書やインターネットなど、自分の趣味の時間も大切にしたい。

支援方針

- 生活支援サービス…アクティビィティに積極的に参加してもらい、他の入居者と仲良くなってもらう。
なるべく談話室にきていただき、スタッフや入居者との時間を持てるようにする。
明け方トイレに行くことがあるので、その時に押すだけコールを利用してもらう。
毎日朝と夜のラウンドで、モーニングコールと就寝確認を行なう
- 自費サービス………食事サービス：食堂にてお食事をして、他の入居者とのコミュニケーションを図りやすくする。
- 介護保険サービス…入浴介助　2回／週、身体1深夜　毎日（排せつ介助）
身体1生活1　2回／週（ヘルパーと一緒に掃除・洗濯）
- 医療サービス………定期訪問診療

事例　要介護5（女性：88歳）

概要

- 入居のきっかけ…要介護状態が重度化し、ご家族による介護が困難になってきた。
- 現在の身体状況…座位はなんとか取れるが、排せつ・入浴・移動には全面的に介助が必要。食事については、見守りが必要。
- ご家族との関係…これまで長男夫婦が長く介護を続けてきており、関係は悪くなかった。専門的な介護の知識はないものの、次男夫婦や孫も介護には協力的。
- 本人の希望………ご本人からのお話はほとんど聞くことができないものの、ご家族がいる時はとても穏やかな顔をされている。

支援方針

- 生活支援サービス…介護保険だけでは必要な介護量がまかなえないため、ラウンド時に排せつ介助を行なう。
また、ご家族が来訪されている時は、押すだけコールによりスタッフによる介護を行ない、ご家族に負担のないようにする。
簡単な居室清掃はラウンド時に行なう。
- 自費サービス………食事サービス：食堂内での見守りを行ない、ゆっくりでも食事が摂れるようにする
- 介護保険サービス…入浴介助　1回／週
身体1深夜　毎日（排せつ介助）、身体1夜朝　毎日（起床介助）、身体1夜朝　毎日（就寝介助）　生活2　1回／週（ヘルパーによる洗濯・買い物）
- 医療サービス………定期訪問診療

9-8 サービス付き高齢者向け住宅で働く人に必要なこと

知識やスキルも、働いてから身につく

介護のプロ サービス付き高齢者向け住宅で働くためには、「介護のプロ」としての知識や技術が求められます。サービス付き高齢者向け住宅では、高齢者の24時間365日の生活を支えることになるので、1人ひとりの生活リズムや行動のパターン、好き嫌いなど、さまざまな情報をもとに、その人にもっとも合った接し方や介護の方法を考える必要があります。

必要な知識 まず必要なのは、**高齢者についての正確な知識**です。高齢者の気持ちや行動の特性など、高齢になるにつれて発生するさまざまな問題を理解することが必要になります。それらをどう解決していくかを、高齢者に寄り添って一緒に考えていくために、正確な知識を身につけなければなりません。また、介護の知識、病気や薬についての知識、とくに認知症高齢者についての知識など、具体的な支援をするにあたって必要となる知識もあります。

介護技術 サービス付き高齢者向け住宅で暮らす人は、年を重ねるに連れて病気などにより介護が必要になってきます。その際に、安全に介護ができるように、介護技術を習得することが欠かせません。介護技術というと、排せつ介助（おむつ交換）や入浴介助などを思い浮かべる人が多いかもしれませんが、**声かけ、働きかけなどのコミュニケーションも重要な介護技術**です。とくに認知症の高齢者は、身体は元気だけど介護が必要という人が少なくありません。さらに、**2012年4月からは、介護職員による医療的処置を行なるようになる**ため、医療的な知識も必要となります。

介護予防 高齢者の介護を行なうにあたって、介護予防にも留意しなければなりません。本人の自己決定にもとづき、できない部分だけを支援することで、要介護度の悪化を防ぎ、高齢者が自立した生活を送れるようになるのです。干渉しすぎず、見守ることも介護なのです。

◘スタッフの心得・理想像とは?

- お客様の人格を尊重し、自立支援を心がける
- お客様との信頼関係を大切にする
- 気持ちを込めた言葉づかいと行動を心がける
- お客様の話を十分に聴き、気持ちをうけとめる
- 常に人生の先輩に「学ぶ」という姿勢をもつ
- ルールを守りプライバシーを尊重する
- 訪問介護員としてのプロ意識と責任感をもつ
- 地域の関連機関との連携を意識する
- チームの一員としての自覚をもつ
- 記録やメモを残し自分の行動を振り返る
- 専門職としての自己管理をする
- 向上心を持ち訪問介護員としての自己研鑽に努める

◘介護職員等によるたんの吸引等の実施のための制度について
(『社会福祉士及び介護福祉士法』の一部改正)

趣旨
○介護福祉士及び一定の研修を受けた介護職員等は、一定の条件の下にたんの吸引等の行為を実施できることとする。
☆たんの吸引や経管栄養は「医行為」と整理されており、現在は、一定の条件の下に実質的違法性阻却論により容認されている状況。

実施可能な行為
○たんの吸引や経管栄養など、日常生活を営むのに必要な行為であって、医師の指示の下に行なわれるもの
(具体的な行為については省令で定める)

介護職員等の範囲
○介護福祉士
○介護福祉士以外の介護職員等
○その他

登録研修機関
○たんの吸引等の研修を行なう機関を都道府県知事に登録(すべての要件に適合している場合は登録)
☆基本研修、実施研修を行うこと
☆医師・看護師その他の者を講師として研修業務に従事
☆研修業務を適正・確実に実施するための基準に適合
☆具体的な要件については省令で定める

登録時業者
○みずからの事業の一環として、たんの吸引等の業務を行う者は、事業所ごとの都道府県知事に登録
(すべての要件に適合している場合は登録)
○登録の要件
☆医師、看護職員等の医療関係者との連携の確保
☆記録の整備その他安全かつ適正に実施するための措置
☆具体的な要件については省令で定める

〈対象となる施設・事業所等の例〉
・介護関係施設(特別養護老人ホーム、老人保健施設、グループホーム、有料老人ホーム、通所介護、短期入所者生活介護等)
・障害者支援施設等(通所施設及びケアホーム等)
・在宅(訪問介護、重度訪問介護(移動中や外出先を含む)等)
・特別支援学校
※医療機関は対象外
出典:介護職員等によるたんの吸引等の実施のための制度の在り方に関する検討会

実施時期及び経過措置
○平成24年1月1日施行
(介護福祉士については平成27年4月1日施行。ただし、それ以前であっても、一定の研修を受ければ実施可能)
○現在、一定の条件下にたんの吸引等を実施している者が新たな制度のもとでも実施できるために必要な経過措置

9-9 サービス付き高齢者住宅でのやりがい

いままでできなかったことを実現してあげられる

高齢者の夢を叶える　サービス付き高齢者住宅では、自立している人、介護が必要な人、認知症がある人など、個人に合わせて、24時間365日、高齢者の生活を支援します。そこで、これまでの生活歴や家族との関係などの情報を入手したうえで、その人にもっとも合った支援をする必要があります。さまざまなサービスを組み合わせて利用することで、**高齢者の夢や目標を叶えることが、サービス付き高齢者住宅で働くスタッフの使命**です。

たとえば、自宅で家族と同居していた人は、まだ自分でできることを家族がやってしまい、家庭のなかでの役割をなくし、生きがいを失ってしまっているかもしれません。また、1人で暮らしていた人は、1日中、誰とも話さず、テレビだけを見ていたかもしれません。そのような人が、サービス付き高齢者住宅に住み替えることによって、スタッフの支援を受けながら自分でできることを増やしたり、ほかの高齢者と毎日、話すことができたり、これからの人生をいきいきと送ってもらえるようになります。

生きがいのある生活の演出　高齢者に「自分にもまだできることがある」「自分も人の役に立つことができる」という自信をもってもらうための演出をすることも、サービス付き高齢者住宅で働く人の大切な役割です。そのために働く人が環境を整え、はげましや感謝を伝えたりして、高齢者の生活の演出をするのです。**「この住宅に住んでよかった」と思ってもらえることが、働く人のやりがいにつながります**。

そのためには、高齢者1人ひとりの理想の暮らし方を一緒に考え、その暮らしを実現するためにどんなサービスをどのように利用すべきか、その先の夢や目標に向かってすべきことを全員が共有し、その住宅で暮らす高齢者の支援の仕方を考える必要があります。定期的にケース検討会などを開催し、高齢者のよりよい暮らし方に向けて改善します。

◘ご利用者による暮らし方のご選択と支援

高齢者住宅を拠点とした利用者の自宅にて

```
                              地域包括支援
                              センター
暮らし方の計画 ←
        サポート              在宅生活支援
                              (在宅生活支援計画)
```

【生活相談ソーシャルワーカー】
・在宅生活支援計画の目標設定と在宅支援
・生活支援サービス利用のサポート
・居宅介護支援連携のサポート
・在宅医療連携のサポート

定期巡回・随時対応型訪問介護看護サービス	生活支援サービス（サービスプラン）	居宅介護支援（居宅サービス計画）	医学的管理（在宅医療計画）
●独居重度者向けサービス（共同マネジメント）	●ケアコール ●アクティビティプログラム ●見守り、生活相談 ●金銭管理等委任業務	●居宅介護支援 ●訪問介護 ●訪問看護	在宅医療 健康管理

◘海外先進事例

デンマークでは、老人ホームから脱施設化による、高齢者住宅への流れが明らかになっています。
そして、介護スタッフが常駐する場合（プライエボーリ）も、施設への回帰でなく高齢者住宅の一形態としての位置づけをしっかりと行なっています。

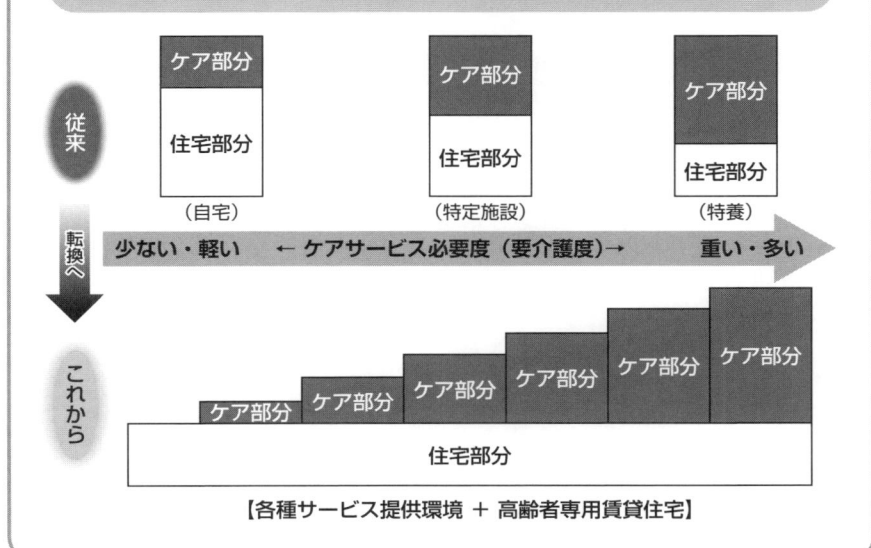

従来

ケア部分	ケア部分	ケア部分
住宅部分	住宅部分	住宅部分
（自宅）	（特定施設）	（特養）

転換へ

少ない・軽い ← ケアサービス必要度（要介護度）→ 重い・多い

これから

ケア部分（階段状に増加）
住宅部分

【各種サービス提供環境 ＋ 高齢者専用賃貸住宅】

9-10 これからの高齢者の住まい

サービス付き高齢者住宅で働く人材の需要はますます高まる

住み替え事情　現在の日本では、介護が必要な量によって住む場所を変えざるを得ないのが現状です。たとえば、自宅で生活していた高齢者がケガや病気などでいったん入院すると、退院にあたってこれまでの自宅での生活がむずかしくなり、老人保健施設と呼ばれる短期間（3か月程度）の入所施設に入所し、リハビリを行なってから自宅に戻ったり、さらに介護が必要になると、特別養護老人ホームに入所したりと、本人の身体の状況によってさまざまな場所に移り住まなくてはならないことが少なくないのです。

しかし、「福祉先進国」といわれるデンマークなどでは、「住み慣れた家で最期を迎える」ということが一般的です。デンマークでは、高齢者は早い段階で高齢者向けの住宅に移り住み、介護や医療が受けやすい環境のなかで、個々の状態に合わせて必要なときに必要なだけのサービスを利用しながら生活しているのです。

これからの高齢者の住まい　今後ますます少子高齢化が進むわが国では、高齢者が安心して暮らせる環境の整備が急務です。とくに、一人暮らしや高齢者のみの世帯については、家族に頼らなくても生活ができるような支援が必要とされています。高齢者が早めの住み替えを実現し、一人暮らしでも高齢者のみ世帯でも、介護が必要になっても「住み慣れた家で安心して老いる」ことができるよう、今後、各地でサービス付き高齢者住宅の開発が進むことが予想されます。それと同時に、サービス付き高齢者住宅で働く人材の需要はますます高まっていくことが予想されます。

高齢になっても、介護が必要になっても、**最期を迎える瞬間まで住み慣れた家で尊厳をもち続けながら安心して生活できるというのは、人間誰しもが願うことかもしれません**。高齢者住宅の普及により、その願いを実現させることができるよう、たくさんの若い力を必要としています。

◘ サービス（ケア）付き集住（高齢者集合住宅）環境

"サービス"は「介護サービス＋生活支援サービス」「食事提供」「緊急通報」「医療サポート（往診・看護師在駐）」「（決まった人に）相談できる人が常駐」、これらが一環されている住宅が「高齢者専用賃貸住宅」のスタンダードではないか！
そして、個々の自由度を高く、かつ『365日24時間』のサービス提供環境による"安心と安全"な環境を選択できるようにしていく。

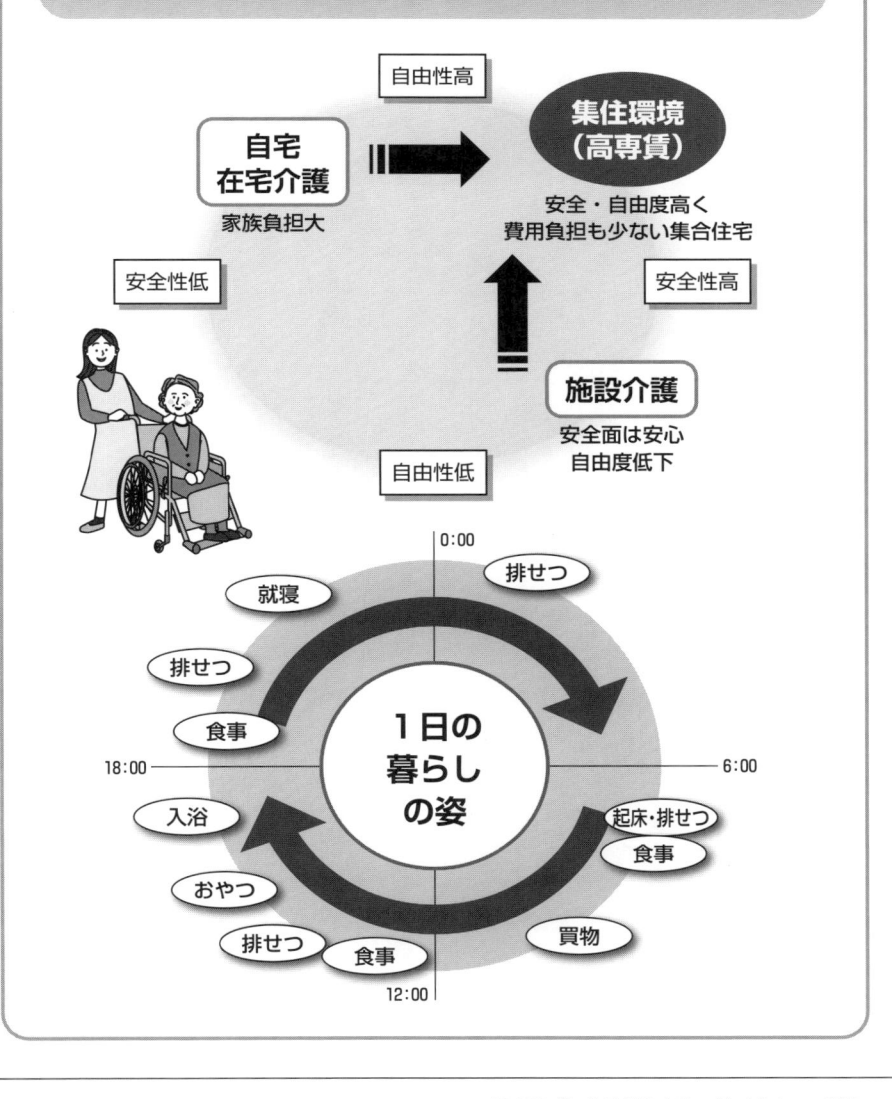

自由性高

自宅 在宅介護
家族負担大

集住環境（高専賃）
安全・自由度高く
費用負担も少ない集合住宅

安全性低　　　安全性高

施設介護
安全面は安心
自由度低下

自由性低

1日の暮らしの姿

- 0:00 排せつ
- 就寝
- 排せつ
- 食事
- 18:00
- 入浴
- おやつ
- 排せつ　食事
- 12:00
- 買物
- 起床・排せつ　食事
- 6:00

COLUMN
介護・福祉の仕事への思い ❾

　私は、これまで長い間介護の仕事に携わってきました。しかし、自分自身の経験としてもっとも印象に残っていることは、仕事を始める前の特別養護老人ホームの実習での出来事です。

　その特別養護老人ホームに、ある重度認知症の女性がいらっしゃいました。その人は、毎日のように自分の部屋で「家に帰りたい！！」と泣き叫び、なだめに行ったスタッフに対して暴力を振ったり、食事のときもほかの入居者に罵声(ばせい)をあびせたりしていました。その人に対する介護は見ているだけでも大変で、「介護の仕事は本当に大変なんだなぁ…」と実感したものです。

　当時、私の立場が実習生ということもあり、2週間の実習期間中、直接その人と接することはほとんどありませんでした。しかし、実習最後の日、入居者のみなさんに別れの挨拶をしていたとき、突然その方が「もう帰っちゃうの？」と泣き出したのです。

　私が数日そこにいたことを覚えていたり、私の実習が終了することをわかっているとは思ってもいなかったので、本当にびっくりしました。気がつくと、私も周りのスタッフも泣きながら笑っていました。

　「介護」という仕事は決して楽ではありませんし、辛いこともたくさんあります。しかし、日々の嬉しい驚きがたくさんあることも事実です。これから介護の仕事を始めようとしているみなさんにも、嬉しい経験をたくさん積んでもらい、介護の仕事のすばらしさを実感してほしいと思います。

第10章

地域の介護力を育てる

> 見守りやサロン開催などの地域住民の活動が
> 要介護者を支える

10-1 介護は身近な問題

> 自分にできる範囲で介護に携わることで、地域の介護力が高まる

私たちができること　これまでの章では、おもに「専門職（プロ）」として介護の「仕事」にどのように携わるかといったことを紹介してきました。この章では少し視点を変えて、「仕事」に限定せずに、私たちが日々の生活の中でどのように介護に携われるのかを考えてみたいと思います。

いまや日本の平均寿命は女性86歳、男性80歳（2011年版世界保健統計）です。年をとるにつれて、いままでできたことができなくなったり、とくに75歳を過ぎると何らかの介護が必要な人の割合は急激に高くなります。人生のある時期において祖父母や両親、パートナー等の介護問題に直面する確率はとても高く、地域には介護を必要とする人がたくさん生活しています。つまり私たちの人生や生活において、介護はとても身近な問題となっているのです。

ですから、**自分にできる範囲で介護に携わることが大事なのではないでしょうか**。たとえば、介護が必要にならないように、自分自身で健康管理や体操などをすることも大切です。また、家族で介護を担っている場合、介護技術をアップすることももちろんですが、介護で追いつめられることのないように、介護者同士の集いに参加することなどもとても大切です。

ボランティア　近所の高齢者の見守りを行なう、自治会などの小地域組織を主体とした**ボランティア活動**も盛んになってきました。自分の空いている時間や自分の関心を少しだけ介護に向けることで、ぐっと介護が必要な人の生活がよくなるのです。

また、施設での手伝い、傾聴などのボランティア活動や地域での食事サービス、家事援助のボランティア活動に参加するのもよいでしょう。もう少し専門的に介護に携わりたいという人は、ボランティア活動が組織化された**NPO法人**で、介護の資格を生かした専門職として働くことも可能です。

◘ プロ以外が介護にどう携わるか

(公助)　共助　互助　　　　　　　　自助

← 　　介護の社会化　　→　← 家族による介護 →　← 当事者 →

| 仕事 | ボランティア | 家族 | 当事者 |

仕事	専門職として「仕事」をする （福祉事業所やNPO法人）
ボランティア	NPO団体やボランティア団体で「ボランティア」をする　（施設や地域） 小地域で見守り「ボランティア」をする　　（隣近所） 「隣人」として声かけや関心をもつ　　（向こう三軒両隣）
家族	家族への介護に携わる 「家族会」や「介護者の集い」参加
当事者	介護予防

◘ 公助、共助、互助、自助とは

1. 「平成21年度　老人保健健康増進等事業による研究報告書
『地域包括ケア研究会報告書』平成22年3月」の定義
　　共助…介護保険サービス、医療保険サービス
　　互助…住民主体のサービスやボランティア活動
　　自助…セルフケアの取り組み

2. 「平成20年　これからの地域福祉のあり方に関する研究会報告書
『地域における「新たな支え合い」を求めて－住民と行政の協働による新しい福祉』」の定義
　　公助…公的な福祉サービス
　　共助…地域における「新たな支え合い」
　　（自助…支援を必要とする者の側の「当事者力」の強化）

10-2 地域で支え合うことの意味

何らかの支援が必要な人がたくさん生活している

地域で生活するということ　現在、「最期まで住み慣れた地域で生活する」ことを多くの人が願い、日本の政策もそのような方向で進められています。たとえば、みなさんは「ゴールドプラン」という言葉を聞いたことがあるでしょう。正式名称は「**高齢者保健福祉10か年戦略**」といいます。

1989年に発表されたゴールドプランは、介護が必要な高齢者が地域で生活し続けることができるように、ホームヘルパー、デイサービス、ショートステイを「在宅三本柱」として、期間や人員などの具体的な目標を定めました。「施設から在宅へ、地域へ」といった流れはこのとき以来、一貫して進められているのです。高齢者分野だけではなく、障害者分野もこの流れは同様です。さらに今日では、刑務所を出た人や長い間精神病院に入院していた人たちも地域で生活するという「地域移行」が進められています。つまり、地域には介護が必要な高齢者を始めとして、何らかの支援を必要とする人たちがたくさん生活しているのです。

地域福祉の重要性　こうした観点からも、現在、**地域福祉**が重視されています。地域福祉には2つの意味があるといえます。

1つは、地域の中で生活する支援を必要とする人たちがよりよく生きるためにさまざまなサービスが提供されることです。もう1つは、地域住民自身がそうした人たちのために活動していくことです。とくに、後者の意味の地域福祉の推進をめざしています。

たとえば、2008年に発表された『地域における「新たな支え合い」を求めて──住民と行政の協働による新しい福祉』という報告書では、「地域社会で支援を求めている者に住民が気づき、住民相互で支援活動を行う等の地域住民のつながりを再構築」する必要性が述べられています。

◘『地域における「新たな支え合い」を求めて－住民と行政の協働による新しい福祉』における公助・共助・自助

地域における「新たな支え合い」の概念

住民と行政の協働による新しい福祉

地域福祉のコーディネーター

住民主体 ─ 情報の共有 ─ **市町村**
　　　　　　　地域福祉計画

- 活動の拠点
  - 集会所、空き店舗等
- 自発的な福祉活動による「生活課題」への対応
  ※生活課題は従来の「福祉」より広い防災・防犯・教育文化・まちづくり等
- 事業者
- 専門家

（活動）
- 身近な相談・見守り・声かけ
- 簡易なボランティア活動
- グループ援助活動

福祉課題に対する制度サービスによる専門的な対応（制度における事業者にもなりうる）

（担い手）
- 住民相互
- ボランティア
- NPO
- 自治会・町内会
- PTA・子ども会
- 老人クラブ　など

早期発見　　　専門サービスの橋渡し

| 自　助 | 地域の共助 | 公的な福祉サービス |

出所：厚生労働省Webサイト資料より作成

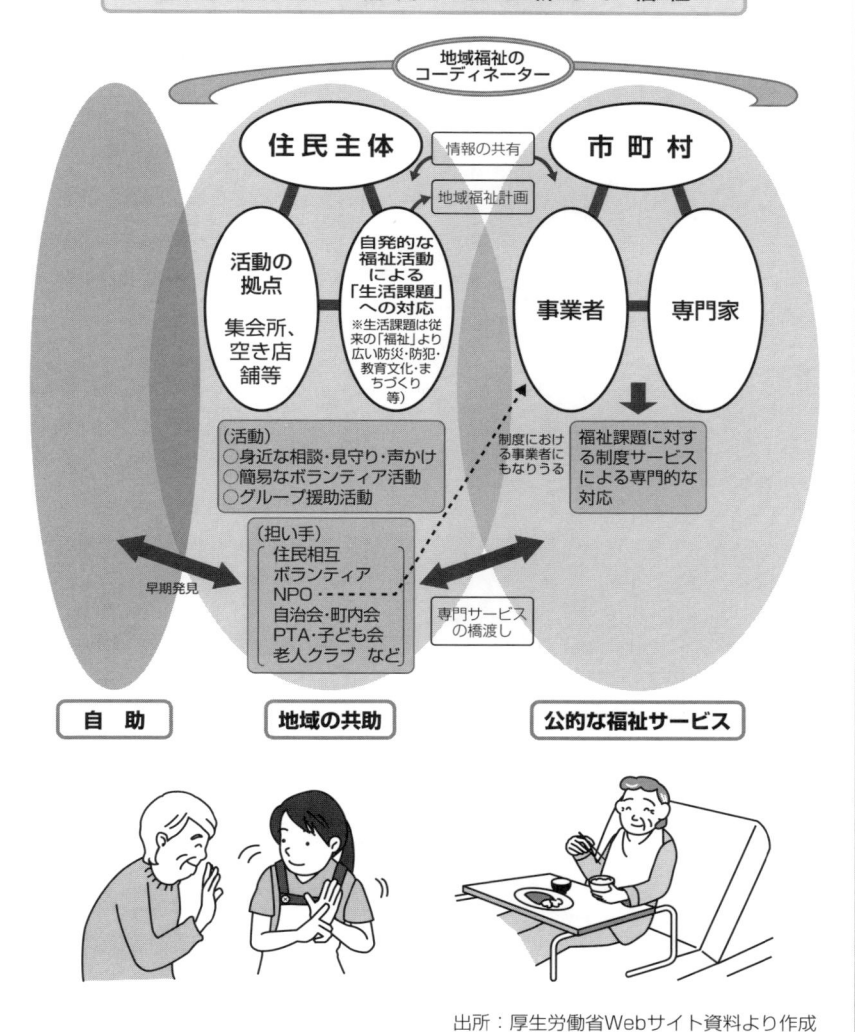

10-3 民生委員

> 民生委員は地域の相談役であり、地域住民の活動の推進役

民生委員 これまで説明してきたように、地域で支援を必要とする人たちに対して、地域住民の1人ひとりが「ボランティア」として、また「隣人」として活動を行なっていくこと、関心をもつことが求められています。そのことによって、地域住民同士のつながりもできて、私たち自身も住みやすい地域が育まれていくのです。

10-1では私たちが日々の生活の中でどのように介護に携わることができるのかを紹介しました。実は、そこには書いていない、しかしとても重要な役割を日々果たしている地域住民がいます。それが**民生委員**です。

民生委員は誰もが「なりたい」と思ってなれるものではありません。民生委員とは、**民生委員法**に規定された無給（活動経費は年6万円ほど支給）の地方公務員という位置づけです。市町村の民生委員推薦会で推薦され、厚生労働大臣に委嘱された人が、任期3年で民生委員としての働きをすることになります。児童福祉法に規定された児童委員と兼ねることから、正式には民生委員・児童委員といわれます。そのため、民生委員の活動内容も、担当地域の一人暮らし高齢者の見守りや声かけ、日常的な支援などから、子育て関係の相談等まで多岐にわたります。

新しいあり方 民生委員には地域の実情に精通した、福祉に理解のある人が推薦されますが、**なり手不足や高齢化といった課題を抱えています**。支援をする人が地域に多くいるということは、それだけ民生委員の仕事も多く、深刻なものとなっていることを意味します。そのため、ここ10数年は民生委員の定数に達しない状況が続いています（2009年度末には定数23万1,905人に対して3,177人少ない）。

民生委員は地域の相談役であり、地域住民の活動の推進役でもあります。公募制を採用したり、民生委員経験者を協力者とするなど、新しい民生委員のあり方も求められています。

◘**民生委員法　第1条による民生委員の定義**

> 「民生委員は、社会奉仕の精神をもつて、常に住民の立場に立つて相談に応じ、及び必要な援助を行い、もつて社会福祉の増進に努めるものとする」

◘**民生委員になるまでの流れ**

| 市町村 | … | 民生委員推薦会
〜自治会等を通じて、民生委員候補の地域住民を推薦
（人格識見が高い、広く社会の実情に通ずる、熱意がある人） |

↓

| 都道府県 | … | 地方社会福祉審議会
〜都道府県知事の推薦 |

↓

| 厚生労働大臣 | による委嘱（無給、任期は3年、再任あり） |

◘**民生委員数**

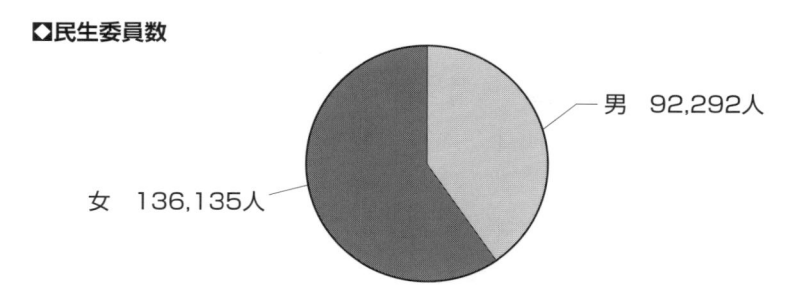

- 男　92,292人
- 女　136,135人

出所：厚生労働省大臣官房統計情報部「平成20年度福祉行政報告例」より作成

◘**民生委員の活動内容**

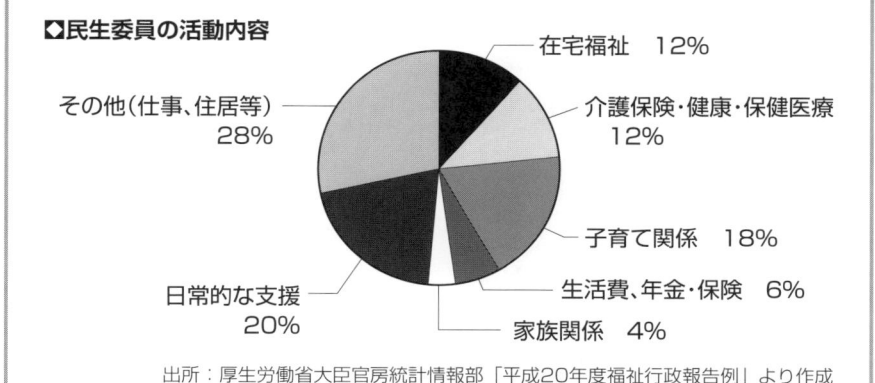

- 在宅福祉　12%
- 介護保険・健康・保健医療　12%
- 子育て関係　18%
- 生活費、年金・保険　6%
- 家族関係　4%
- 日常的な支援　20%
- その他（仕事、住居等）　28%

出所：厚生労働省大臣官房統計情報部「平成20年度福祉行政報告例」より作成

10-4 住民参加型住宅福祉サービス活動①

住民ボランティアによる食事・介護サービス

ボランティア　2000年からスタートした介護保険制度は、それまではおもに家族が担っていた介護を「社会化」するという役割を果たしました。しかし、介護保険制度に至るまでにも、家族以外の人が「仕事」として、また「**ボランティア**」として介護に携わってきました。

その1つが1980年代からみられるようになった、住民参加型在宅福祉サービス活動といわれる**ボランティア活動**です。たとえば、その先駆けといわれる東京都世田谷区の老人給食団体「ふきのとう」では、子ども会活動を通して知り合った主婦たちが、地域の一人暮らし高齢者の存在に気づきました。そして、共に食事をする会食サービスや家に食事を届ける配食サービスを始めるようになったのです。それ以外にも、ちょっとした家事援助や介護などのサービスも提供するようになりました。

住民参加型在宅福祉サービス活動　無償性（そのほかに自発性、社会性などの原則がある）を原則とする**これまでのボランティア活動とは異なる特徴があります**。食事や家事援助、介護というのはその人の地域での生活を支えるためになくてはならないものです。そのため、ボランティアの都合で急にサービスを辞めたりすることはできません。これまでのボランティアよりも安定性や継続性が求められるために、①会員制、②有償制（お金の介入）という2つの特徴をもつことになるのです。

まず、地域住民のなかでサービスを提供する協力会員とサービスを受ける利用会員が住民参加型在宅福祉サービス団体に会費を払います。この会費は、サービスを調整するスタッフを雇ったりする活動資金に使用されます。たとえば、急に協力会員が休むことになった場合でも、スタッフがすぐに代わりの協力会員を探すことができます。こうして安定したサービスを提供し続けることが可能になるのです。

◆住民参加型在宅福祉サービス活動の特徴

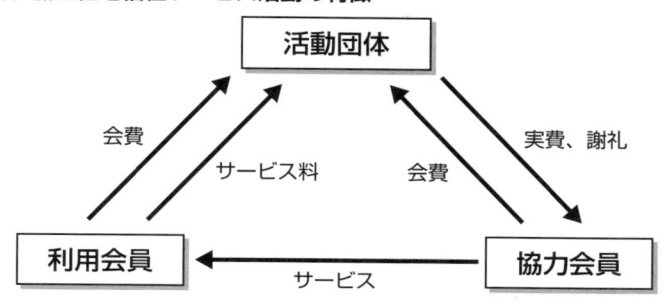

```
           活動団体
          ↗  ↑  ↖
       会費 サービス料 会費  実費、謝礼
       ↗              ↖
    利用会員 ←―サービス―― 協力会員
```

◆住民参加型在宅福祉サービス活動の5つの特徴
（住民参加型在宅福祉サービス団体全国連絡会）

1. 制度にとらわれない、地域でのあたりまえの暮らしを支える"よろずなんでも活動"
2. "助けられたり、助けたり"の支え合いの活動
3. 「ここでずっと暮らしたい！」と思えるまちづくりをめざす活動
4. 会員制と有償制2つの仕組みで理念を支える活動
5. 多様な運営主体による活動
   ～「住民互助型」、「社協運営型」、「生協型」、「農協型」、「ワーカーズコレクティブ型」など、運営主体はさまざまです。

◆住民参加型在宅福祉サービス団体の組織類型別の推移（全社協把握）

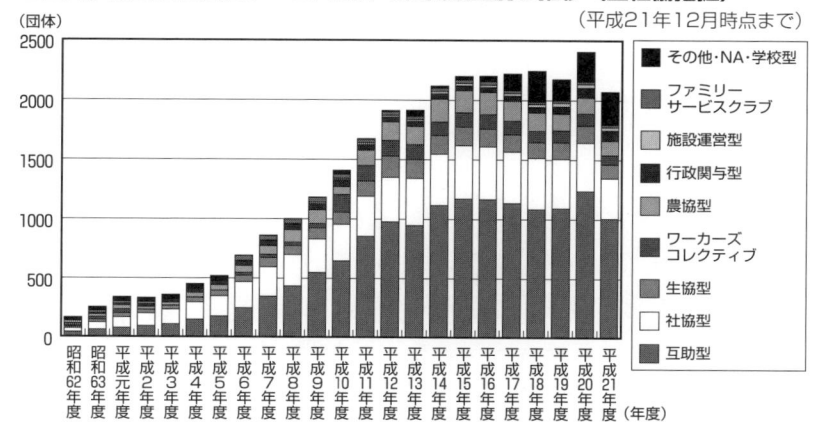

（平成21年12月時点まで）

凡例：その他・NA・学校型／ファミリーサービスクラブ／施設運営型／行政関与型／農協型／ワーカーズコレクティブ／生協型／社協型／互助型

出所：厚生労働省大臣官房統計情報部「平成20年度福祉行政報告例」より作成

第10章 地域の介護力を育てる

10-5 住民参加型在宅福祉サービス活動②

> 安定した「支え合い」のカギは、会員制とお金を介入させた仕組み

住民参加型在宅福祉サービス活動　利用会員は会費のほかにサービス料を支払い、協力会員は謝礼金や交通費などのお金をもらいます。活動が始まった当初は、お金が介入する**有償ボランティア**は、ボランティアの精神に反するものだとして、反対する声も多く聞かれました。

しかし、利用者側に遠慮や気づまりを抱かせない、活動に安定性や継続性が生まれるなど、プラス面が次第に評価されるようになりました。また、お金の代わりに、協力会員が働いた時間を積み立てておき、自分や自分の家族がサービスを必要としたときに、その時間分のサービスを利用することができる**時間預託**という方法をとっている団体もあります。

このような仕組みは、会員同士の「支え合い」ということをとても大切にしています。お金をうまく介入させて、地域における「支え合い」の仕組みづくりをする住民参加型在宅福祉サービス活動はどんどん広まり、2009年12月には、全国で2000団体ほどが活動しています。

社会福祉協議会が推進することも　その約半数は、老人給食団体「ふきのとう」のように、地域住民が自発的に始めたもの（**互助型**）ですが、地域福祉推進の中心的存在である社会福祉協議会（たいてい市区町村に1つある民間組織）が積極的に進めているものもあります。たとえば、東京都中野区社会福祉協議会では、「広げよう地域の支え合い」をめざして、1990年から"ほほえみサービス"を実施しています。

利用会員は年額3,000円、協力会員は年額1,000円の会費を払います。この会費で、「訪問相談サービス」や会報送付、講座・交流会の案内などの基本サービスを受けられます。また1時間800円での家事援助サービス、1時間1,000円の介護援助サービスが受けられます。専門職である社会福祉協議会の職員がスタッフとしてかかわることにより、質の高いサービス提供にもつながっています。

◘ **中野区社会福祉協議会の"ほほえみサービス"**

利用までの流れ

1. **利用相談** … 利用について電話か窓口で相談受付
2. **自宅に訪問** … 職員が訪問。利用の希望を聞き、サービス内容を話し合う（訪問は無料）
3. **会員登録** … ほほえみサービスに利用会員として登録（年会費）

サービス決定

4. **協力会員の紹介** … 職員が協力会員と一緒に訪問し、紹介とサービス内容を確認
5. **サービス提供開始** … 協力会員が実際にサービスを提供
6. **利用料の支払い**

協力までの流れ

1. **会員登録** … 説明会に参加し、ほほえみサービスに協力会員として登録（年会費）＊入門講座の受講もあり
2. **協力の依頼** … 利用会員の依頼内容に沿って、職員がサービス提供の依頼

サービス決定

3. **利用会員宅へ職員と訪問** … 職員が一緒に訪問し、紹介とサービス内容を確認
4. **サービス提供開始** … 利用会員にサービスを提供
5. **報告書の提出**
6. **謝礼金の受け取り**

「地域の支え合い」「ふれあい」をめざす"ほほえみサービス"の工夫

① 協力会員のスキルアップのための研修を年に数回実施
② 利用会員と協力会員の交流を図るため月2回のサロン開催と交流会開催
③ 適切な運営のために運営委員会を設置
④ 利用会員のニーズを把握するために、年1回電話訪問を実施　等

10-6 公益を目的としたNPO

> 現在、4万を超えるNPO法人が幅広い分野で活動をしている

NPO　NPO（Non Profit Organization＝非営利組織）という言葉を聞くことがとても多くなりました。実は、非営利組織は日本に古くから存在しています。ボランティア活動はもちろん、広い意味では学校や病院なども多くの人の利益（公益）を目的とした非営利組織です。しかし、NPOが社会に広く知られるようになったのは、1998年に通称**NPO法**といわれる「**特定非営利活動促進法**」が制定されてからでしょう。

NPO法が制定されるきっかけとなったのは、1995年に発生した阪神淡路大震災です。多くの人がボランティア活動に参加し、復興の大きな力となりました。行政にはできない柔軟性・多様性のあるボランティア活動は、これからの社会でも大きな役割を果たすだろうとの期待が高まりました。

一方で多くの団体は任意団体といって、法律上は何の規定もない団体であったために、団体規模も小さく社会的信用もありませんでした。そこで、法律に規定された社会的信用のある団体をつくること、それらの団体をさまざまな面から支援することを目的としてNPO法が制定されたのです。

専門職へ　NPO法では、非営利活動を17分野に分けています。これらの分野に該当し、会員が10人以上であるなどの一定の条件を満たせば、ほとんどの場合はNPO法人として認証されます。NPO法人は2011年6月末現在で約42,000となっており、活動分野のなかでは「保健・医療又は福祉の増進を図る活動」がもっとも多くなっています。

前述した住民参加型在宅福祉サービス団体の中には、「地域の助け合い」の活動のみならず、NPO法人となり「非営利の事業者」として介護保険サービスの提供も行なうようになった団体も多くありました。地域住民の「ボランティア」から「専門職」として、「地域の助け合い」という使命（ミッション）をより強くもって活動するようになったといえるでしょう。

◘NPOの数（2011年6月30日現在42,944法人）と活動内訳

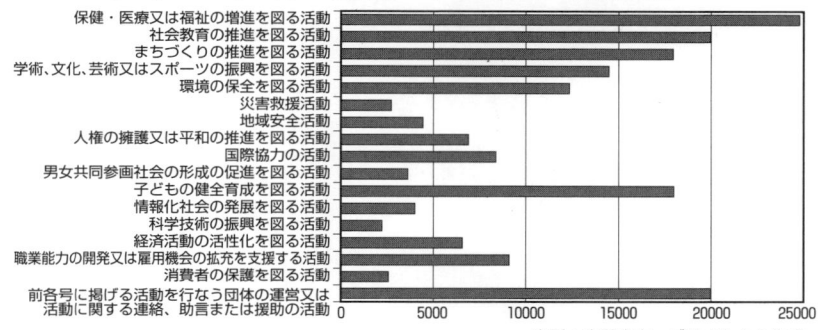

- 保健・医療又は福祉の増進を図る活動
- 社会教育の推進を図る活動
- まちづくりの推進を図る活動
- 学術、文化、芸術又はスポーツの振興を図る活動
- 環境の保全を図る活動
- 災害救援活動
- 地域安全活動
- 人権の擁護又は平和の推進を図る活動
- 国際協力の活動
- 男女共同参画社会の形成の促進を図る活動
- 子どもの健全育成を図る活動
- 情報化社会の発展を図る活動
- 科学技術の振興を図る活動
- 経済活動の活性化を図る活動
- 職業能力の開発又は雇用機会の拡充を支援する活動
- 消費者の保護を図る活動
- 前各号に掲げる活動を行なう団体の運営又は活動に関する連絡、助言または援助の活動

出所：内閣府ウェブサイトより作成

◘NPOの範囲

Ⅰ．最狭義のNPO　　Ⅱ．狭義のNPO　　Ⅲ．広義のNPO　　Ⅳ．最広義のNPO

- Ⅳ．営利団体以外のすべての団体（農協、生協、自治会など）
- Ⅲ．営利を目的としない公益団体（学校法人、医療法人、社会福祉法人など）
- Ⅱ．法人格の有無に関わらず自発的につくられたボランティア団体や市民団体など
- Ⅰ．NPO法にもとづいたNPO法人

◘NPO法人となるためには？

1. 設立要件を満たしているか確認する

   例）NPO法の17分野を満たしているか
   宗教活動や政治活動ではないか
   メンバーは10名以上いるか（理事3人以上、監事1人以上）

2. 設立総会の開催

   目的や事業計画、会計等について決定する

3. 認証申請書類の作成

4. 所轄官庁へ提出＋市民への縦覧期間

   約4か月

5. 認証　または　不認証

6. 設立登記　→NPO法人設立　→届け出等

第10章　地域の介護力を育てる

10-7 地域住民が開催する「ふれあい・いきいきサロン」

> 創意工夫によるサロン活動は、介護予防・認知症予防の切り札

気楽にできる　地域住民が「ボランティア」として介護に携わることについては、少し荷が重過ぎると感じる人もいるかもしれません。しかし、介護が必要になるまでにはプロセスがあります。たとえば、閉じこもりがちな人や、慢性的な病気があるような人は、何らかのきっかけにより介護が必要な状態（**要介護状態**）に陥りやすい人といえます。こうした人たちが要介護状態になる前に（ならないように）、一緒に体操をしたり、ちょっとした外出の機会を提供することはできるのではないでしょうか。

　実際に地域の中で行なわれている活動として、「ふれあい・いきいきサロン」があります。ふれあい・いきいきサロンは全国社会福祉協議会の提案により1996年から始められた事業です。初めは精神障害者のためのサロンづくりをめざしていましたが、閉じこもりがちな高齢者の介護予防や認知症予防の機能をもつことが着目され、高齢者向けのサロンが活発になりました。また、地域で子育てしている母親が孤立しないことを目的としているサロンもあります。2005年には約40,000のサロンが全国で開かれています。

地域の支え合い　高齢者ふれあい・いきいきサロンは、「無理なく、楽しく、気軽に」集い、話し、笑う、そこから地域における仲間づくりにつながっていくことをめざしています。歩ける範囲の集会所や個人宅などに定期的に集い、そこで楽しい時間を過ごすことで閉じこもりや認知症の予防につながるのです。

　一番の特徴は、サロンの担い手も利用者も地域住民であるということです。高齢者の方が担い手として活躍しているサロンもたくさんあります。サロンの内容はそれぞれ異なりますが、そこに集う人たちで話し合い、工夫し合って決めることにも大きな意味があります。こうした活動を通して、「地域での支え合い」が具現化していくのです。

◘ふれあい・いきいきサロン数の推移

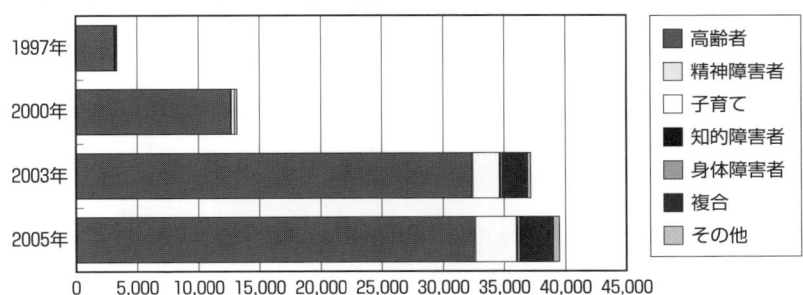

年	高齢者	精神障害者	子育て	知的障害者	身体障害者	複合	その他

1997年
2000年
2003年
2005年

(横軸：0, 5,000, 10,000, 15,000, 20,000, 25,000, 30,000, 35,000, 40,000, 45,000)

出所：社会福祉協議会活動実態（基本）調査報告書（全国社会福祉協議会）より作成

◘全国社会福祉協議会の「ふれあい・いきいきサロン」

「あなたもまちもいきいき！『ふれあい・いきいきサロン』のすすめ
～寝たきり・認知症予防にも～」より

○**効果**
　効果その1　楽しさ・生きがい・社会参加
　効果その2　無理なく体を動かせる
　効果その3　適度な精神的刺激
　効果その4　健康や栄養について意識する習慣がつく
　効果その5　生活のメリハリ
　効果その6　閉じこもらせない
　→このように、「ふれあい・いきいきサロン」は自然に、寝たきり、認知症予防にもつながります

○**対象者**
　高齢者なら誰でも参加できるサロンです

○**運営の担い手**
　「ふれあい・いきいきサロン」は、ご近所のみんなで運営するものです。
　サロンにくる高齢者と、住民であるボランティアが共に、自発的に行なうものです。
　サロンに参加する高齢者は、ある時は「利用者」、ある時は「運営の担い手」です。

○**開催場所**
　サロンの開催場所は、参加者が仲間と会うために歩いて行ける範囲。
　会場は、どんなところでも構いません。
　　～気軽にちょっと集まれるところ
　　～費用をかけず、誰でも気軽に利用できるところ
　　例）集会所、地区会館、公民館、個人の自宅、団地集会室、お寺・お宮

○**活動内容**
　高齢者「ふれあい・いきいきサロン」では、参加者がそれぞれの興味や関心に合わせて自由な考えでプログラムをつくることができます。
　①楽しめるプログラムをつくる
　　例）軽い体操やボランティアによるマッサージを取り入れたプログラム、これまであった地区のお茶のみ会をもとに誰でも気軽に参加できるサロン
　②会食～楽しい食事の時間を共有する
　③健康チェックが安心して受けられる

10-8 地域住民による見守り活動

> 孤独死予防のためにも、日常的な見守りや声かけが重要となる

見守り活動　要介護状態になる前（ならないため）のボランティア活動として注目を集めているのが、**地域住民による見守り活動**です。一人暮らし高齢者や高齢者夫婦のみ世帯の増加もあり、何か異変があったときに家族以外の人がすぐに対応できるしくみをつくることが「最期まで住み慣れた地域で生活する」ためには重要です。自治体による緊急通報システムやセコムなどの民間企業のサービス、ポットの使用状況による安否確認などのさまざまな仕組みもありますが、地域住民による見守り活動との違いはあるのでしょうか。

地域住民による見守り活動の多くは、歩ける範囲の「小地域」を単位として行なわれます。たとえば、見守りが必要な高齢者を担当する地域住民のボランティアを決めて、定期的に声かけや訪問などをする活動があります。また、1人の地域住民が数世帯から20世帯程度を担当し、見守りをするパターンもあります。見守りが必要な高齢者が「今日も元気だよ」という印に毎日、玄関や窓に旗を立てたりする例もみられます。閉じこもりがちだったり、あまり地域の人との交流がない人の見守りとして、洗濯物が干してあるか、新聞受けがたまっていないかを確認する活動をしている町内会・自治会もあります。

隣人として　地域住民による見守り活動のよいところは、安否確認のみならず、「**隣人**」として声をかけること、「あなたのことを気にしているよ」というメッセージを伝えることにもあるのではないでしょうか。日々の声かけや見守りを通して、**地域の仲間としての「つながり」が生まれる**ことが期待されるのです。また、地域の中には認知症の人たちも多くいます。徘徊などによる危険を避けるためにも、地域住民による見守りは重要です。**認知症サポーター**を中心とした見守り活動も始まっています。

◘「小地域」における地域住民による活動（小地域福祉活動）の意義

①日常生活リズム継続の願い
②老人や障害者の生活圏との整合性
③日常生活の中から問題の早期把握が可能
④緊急対応の可能性
⑤近隣が生みだす信頼感と安心感
⑥住民の小さい参加を結びやすい
⑦地域住民の共通問題としての福祉問題

出所：沢田清方『小地域福祉活動　高齢化社会を地域から支える』1991年　ミネルヴァ書房

◘東日本大震災の被災地の仮設住宅での取り組み

　被災地の仮設住宅では、様々な地域からやってきた人びと同志のつながりをいかにつくるかが大きな課題となっている。自治会を結成し、孤独死予防のための茶話会を開催したり、ある仮設住宅では家の前に棒を立ててお互いの安否確認を行なっている。

　また、厚生労働省は、NPO法人などによる仮設住宅で暮らす高齢者に対する安否確認や巡回相談といった見守り活動を支援することにしている。

　地域住民同志のつながりやボランティアなどによる見守り活動は被災地でも重要な役割を果たしている。

10-9 要介護高齢者を応援しよう①

> 誰もがなれる認知症サポーターは、認知症の人や家族の強い味方

応援する役割　これまで、地域における具体的な活動を紹介し、地域住民がどのように介護に携わることができるのかについて考えてきました。このような活動に参加することはできないけれども、介護のことを理解して応援する気持ちはもっていたい、と考える人もいるかもしれません。そこで、最後にこうした「応援する気持ち」を現わすことのできるいくつかの役割を紹介したいと思います。

認知症サポーター　地域において認知症の人や家族が安心して暮らし続けることを支援するボランティアです。

2005年に厚生労働省は「認知症を知り、地域をつくる10カ年」キャンペーンを実施しました。その一環として、**認知症サポーター**を全国で100万人養成することをめざしました。みなさんも「認知症サポーター100万人キャラバン」という言葉を聞いたことがあるのではないでしょうか。2009年5月31日に100万人という目標を達成することができましたが、その後もどんどん認知症サポーターは増えています（2011年3月31日には246万人）。

認知症サポーターになるためには、講座を受講する必要があります。この講座は、全国キャラバンメイト連絡協議会で養成された講師（キャラバンメイト）が自治体等と協働して開催しています。約90分の講義を受けると、認知症サポーターの証である**オレンジリング**が交付されます。認知症サポーターは具体的に何かをするわけではありません。認知症を正しく理解し、認知症の人や家族を温かく見守る応援者として、自分でできる範囲で活動すればよいのです。たとえば、友人や家族にその知識を伝える、認知症になった人の隣人としてできる範囲で手助けするなどが挙げられます。

◆認知症の人たちの増加

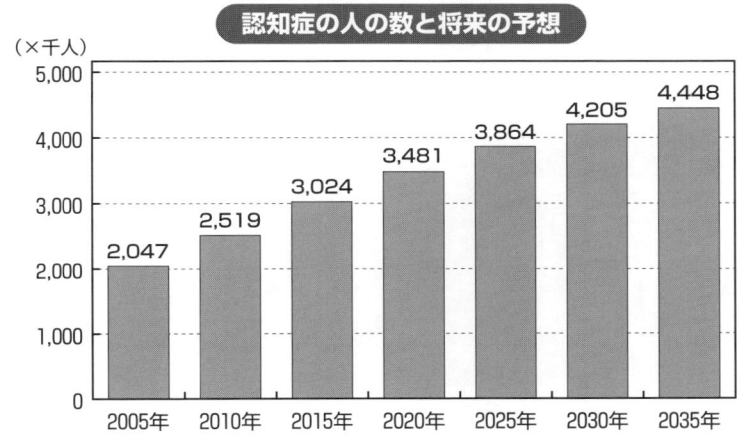

認知症の人の数と将来の予想

（×千人）
- 2005年：2,047
- 2010年：2,519
- 2015年：3,024
- 2020年：3,481
- 2025年：3,864
- 2030年：4,205
- 2035年：4,448

出所：栗田主一ほか：平成19年度厚生労働科学研究費補助金研究分担報告書．2008．P135-156（http://www.mental-navi.net/ninchisho/rikai/byoritsu.htmlより転記）

◆キャラバンメイトになるには

○**キャラバンメイトの要件**
- 認知症介護指導者養成研修修了者
- 認知症介護指導者実践リーダー研修修了者
- 介護相談員
- 認知症の人を対象とする家族の会
- 民生委員　　　　　　　　　　　　　　　等

⇒原則ボランティアで年間10回程度（最低3回）以上の認知症サポーター養成講座を開催すること

※2011年3月31日現在で61,449人

◆医療における認知症対策

認知症疾患医療センター	150か所（2008年度予算）
認知症サポート医養成研修修了者	871名（2008年度末現在）
かかりつけ医認知症対応力向上研修修了者	21,444名（2008年度末現在）

第10章　地域の介護力を育てる

10-10 要介護高齢者を応援しよう②

> 要介護高齢者を積極的にサポートする地域住民が必要とされている

生活・介護支援サポーター　2009年4月から厚生労働省が地域の高齢者の各生活ニーズ（生活の必要）に応えるための安定的、継続的な仕組みを構築するために、ボランティアである**生活・介護支援サポーター**を養成する事業を始めました。生活・介護支援サポーターは、地域住民が積極的に要介護高齢者にかかわることのできる新しい役割といえるでしょう。

具体的には、市町村が実施する20時間程度の講義および実習からなる養成研修を受けなくてはなりません。しかし、要介護高齢者の心身の状態や、福祉や介護の知識・技術を学ぶことで、専門知識をもった地域住民として活躍することが期待されています。

在宅介護相談協力員　認知症サポーターや生活・介護支援サポーターは自分から進んでなることができますが、市長村長から依頼されて介護に関するボランティアをするのが**在宅介護相談協力員**です。地域の要援護高齢者の把握や彼らに対するサービスの紹介、地域包括支援センター等へ情報を提供しています。依頼されるのは民生委員や自治会役員、老人クラブ役員、さらには高齢者や家族と接する機会の多い商店、薬局、郵便局員などが多いようです。

介護相談員　ボランティアというよりも専門職により近いのが**介護相談員**です。地域において介護サービス提供の場を訪ね、サービス利用者の相談に応じたり事業所の管理者等と意見交換をしたりして、サービスの質を高める役割をもつ地域住民です。市町村が「ふさわしい」と認めた人が40時間程度の養成研修を受けることで介護相談員になります。

◧生活・介護支援サポーターの研修内容例

- 地域の資源とニーズを探す
- あなたの経験や才能を再発見
- 地域でサポートするときのかかわりかた
- コミュニケーションのコツを知ろう
- 活動オリエンテーションで地域の活動を知ろう

◧介護相談員の活動

1．1〜2週間に1回、2人1組で介護サービス提供の場を訪問

⬇

2．介護サービスの現状把握（事実確認）
　〜サービス利用者との相談や事業所の管理者や従事者との意見交換

⬇

3．市町村に把握した現状を報告

⬇

4．事業所への報告。介護サービスに対する提案

⬇

5．利用者や家族への説明

◧「地域包括ケアシステム」を構築するために

　地域包括ケアシステムとは「ニーズに応じた住宅が提供されることを基本とした上で、生活上の安全・安心・健康を確保するために、医療や介護のみならず、福祉サービスを含めたさまざまな生活支援サービスが日常生活の場（日常生活圏域）で適切に提供できるような地域での体制」と定義されている（『地域包括ケア研究会報告書』平成22年3月）。とくに、生活支援サービスは、「自治会やNPOなど住民主体のさまざまな活動体が自治体又は地域包括支援センターの積極的な支援を得て活動」し、その中核を担うことをめざしている。

終　章

介護の仕事における
5つの魅力

▶ 1．介護は成長産業だ！

　通常、橋や道路をつくる事業を「公共事業」といいますが、単純に2000年以降、公共事業費関係予算と介護保険総額費の推移を比較しても、明らかに「介護」分野に多くの「おカネ」がまわっています。また、2006年時点での介護職員は、常勤及び非常勤職員を合わせると約117万人となっていますが、2014年には約140万人〜155万人が必要とされ、**毎年、約4万〜5万人を増やしていかなければならない産業なのです。**

　つまり、毎年、少なくとも4万人、最大で5万人の介護士の雇用を創出

◧**公共事業関係費の推移**

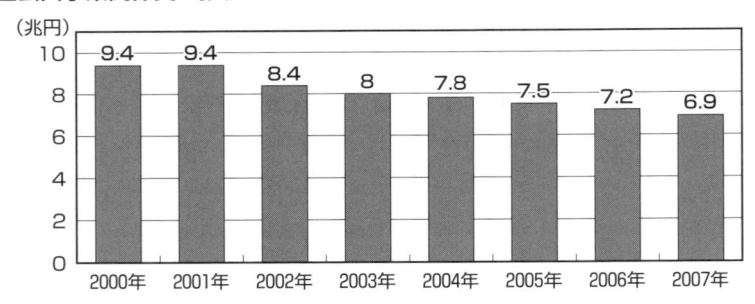

年	兆円
2000年	9.4
2001年	9.4
2002年	8.4
2003年	8
2004年	7.8
2005年	7.5
2006年	7.2
2007年	6.9

出所：富永主計官「平成20年度公共事業関係予算のポイント（政府案）」
　　　財務省平成19年12月より作成

◧**介護保険の総額費の推移**

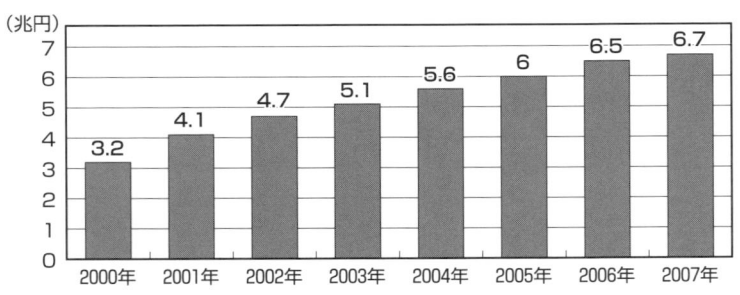

年	兆円
2000年	3.2
2001年	4.1
2002年	4.7
2003年	5.1
2004年	5.6
2005年	6
2006年	6.5
2007年	6.7

出所：厚労省「06年介護保険制度改革の概要（パンフレット）」をもとに筆者の試算から作成

していかなければならないのです。しかも、高齢化社会の進展において、必ず、社会的にも達成しなければならない数値なのです。

◻**現在の介護職員数（H18.10現在）**

常　勤	非常勤	計
約69.1万人	約47.9万人	約117万人

厚労省「介護サービス施設・事業所調査（H18.10.1現在）より作成

　はたして、このような着実に雇用創出を成し遂げなければならない分野は、他にあるのでしょうか。世間では「失業」「リストラ」といって生活に困っている人がいますが、「**介護**」や「**医療**」分野では、「**失業**」するということは少ないです。

▶2．マイナスのイメージを覆す「感謝される」仕事

　過去、03年に－2.3％、06年に－2.4％と、いずれも介護報酬がマイナス改定となった時期があり、ようやく09年に３％プラス改訂になりました。介護報酬とは、介護サービスの値段であり、この値が高いと介護事業所の収入も増えていきます。しかし、介護保険制度ができて10年が過ぎましたが、思ったほど上がっていないとの声が現場では多いようです。

　また、介護士を中心に低賃金化のイメージが先行しています。たしかに、全労働者の平均賃金と比べても、低いのは事実です。しかも、１年間の離職率も全産業と比べると介護士の数値は高い傾向にあります。介護分野が成長産業として期待されながらも、この10年間、介護士を中心とした介護労働者の状況が悪いのも事実です（次ページの表）。

◪訪問介護及び介護職員の1年間の離職率推移

(%)

	18年度	19年度	20年度	21年度	22年度
訪問介護及び介護職員離職率	20.3	21.6	18.7	17.0	17.8
全産業平均離職率	16.2	15.4	14.6	16.4	14.5

出所：介護労働安定センター「各年版介護労働実態調査結果」より作成
　　　厚労省「各年版雇用動向調査結果の概況」より作成

　しかし、失業が少なく平均年収300万円以上の産業が、介護以外にたくさんあるのかといえば、そうではないと思います。どの分野も正規職員の採用は少なく、ボーナスなどがカットされている会社が多いのが実態です。
　たしかに、夜間勤務や「命」を扱う仕事で、精神的にも肉体的も辛いこともありますが、家族や高齢者から感謝される場面が多いのも事実です。他の分野で感謝される仕事は、そう多くないと思います。**人が働くうえで「賃金」がもっとも重要なこともわかりますが、「やりがい」「達成感」なども重要な側面だと思います。**

▶3．介護士以外にも幅広い仕事がある

　本書で述べてきたように「介護」の仕事に携るは介護士だけではありません。多くの職種の人が「介護」の仕事に携わっています。介護の仕事に就きたいけれども、「賃金が安い」「心身得ともに辛い」といったことで躊躇している人もいるかもしれませんが、介護士以外の職種で「介護」の仕事に従事することも可能です。介護の仕事を職種ごとで細かく見ていくことも重要だと思います。

▶4．仲間と一緒に楽しい雰囲気

・ある介護事業所の試み

　介護士を中心に業務量に比べ賃金がよくないといったことは周知の事実です。「命」を扱う仕事であり、夜勤といった変則勤務でありながら、年

収平均300万円弱では労働対価として合わないと感じている者が少なくありません。かといって賃金が上がる見込みは、現時点では国や自治体の財政状況を考えるとむずかしいといえるかもしれません。

しかし、ある地域の介護事業所の経営者らは「賃金面」とは別の視点で、何か介護職の魅力を現場で浸透させられないかと考え、「福祉事業所の会」という有志による団体を創設しました。ここでは介護職にこだわらず多職種による介護関係者のネットワークを広げ、そこで働いている人たちが「楽しい」「やりがい」のある環境にしていくことで、少しでも介護の労働環境を良くしていければとの試みではじまったものです。

たしかに、賃金という側面は大きいですが、働いている場所が「働きやすい」「仲間がいて楽しい」「やりがいのある仕事ができる」といった条件が整いつつあります。

・**仕事は仲間づくりから**

在宅を中心に介護関係の仕事は、ヘルパー事業所、介護施設、訪問看護ステーション、配食弁当屋、福祉用具事業所など、各事業所間でのやりとりが頻繁になされます。同じ事業所内の人間関係はもちろん、他社とのネットワークが強化されればスムーズに仕事が運びます。その人間関係構築の場として、「福祉事業所の会」が何らかの機能を果たせればという背景があるようです。

具体的には、定期的に「バーベキュー大会」「ボーリング大会」などのイベントを開催しています。区内の福祉関係者が集える場を設け、毎回、50人近くの人が集まっています。このイベントに継続し参加している職員らは、人間関係の輪が広がり、他の事業所との打ち合わせなどもスムーズになったというのです。

・**楽しい職場づくり**

このような事業所間の会は、すでに区役所の担当課が主催となってあるのですが、どうしても事務的な運営となってしまい、親しい人間関係構築の場としてふさわしくないそうです。役所主催による会では参加率も100％に近いのですが、事業所間のネットワークというよりも国や自治体の事務連絡の提供の場といった側面が強いのです。

その意味では、役所とは関係なく事業所が主催となって会の運営を行ない、各イベントや研修テーマをみずから企画したほうが、働いている人のニーズに応えられ、時にはサークル気分を味わえる場を提供できるのです。
　しかも、介護現場で働いている人たちは、高齢者や障害者の接し方、事業所内での人間関係で悩んでいる人も少なくありません。このような会を通して事業所外の同業者と知り合いになり親しくなれば、お互いに悩みを語り合える友人もできます。仕事の悩みは同業の者でなければ理解してもらえないため、これらの友人関係構築の場ともなっているのです。**働く人たちのネットワークは介護業界では重要なものであり、サラリーマンやＯＬと違った人間の輪を築くことが重要でしょう。**

▶5．「人」は宝である業界

　実際、介護サービスの価値は、「人」で決まります。どの分野の経営でも、サービス品質を上げることは、その売上げにも多大な影響を及ぼします。良質な商品を開発すれば、新たな「市場」を開拓することができますし事業展開も有利となります。
　ある面では「デイサービス」「ショートステイ」といった在宅介護における施設関連サービスでは、「建物が奇麗！」「介護関連機器が充実している！」「食事がおいしい！」などの物的サービスも重要でしょう。しかし、そこで働く「人」が、どうであるかで、最後は介護サービスの品質が決まってしまうのです。
　もちろん、医療サービスでも、「人」は重要ですが、多少、「医薬品」「医療技術」などの側面も影響されます。しかし、介護サービスは「人」次第なのです。そのため、よき「人」を集めることが介護事業所にとっても最大のポイントとなるのです。場合によっては、多少、サービス品質は悪くても、「施設へ入所できるだけでも！」といった需要側の思いがあります。
　しかし、よい人材を集め、いいサービスが展開できなければ、長続きする介護事業はできません。いい事業になるかどうかは、介護・福祉に興味を抱いているみなさん次第です。**ぜひ、介護の仕事の魅力を感じてください。**

おわりに

　みなさんは「PPK」という言葉を聞いたことがあるでしょうか。これは、「ぴんぴんころり」という言葉の略で、ぴんぴんと元気に暮らして、介護など必要のない状態でころりと死を迎えたいという高齢者の気持ちを代弁した言葉です。介護が必要な状態を避けたいというのは、多くの人にとって共通の気持ちでしょう。人に迷惑をかけたくない、最期のときまで自分らしく生きたいと願うからこその「PPK」信仰なのだと思います。

　ですが、平均寿命が圧倒的に長くなった現在、介護が必要な状態を避けることは難しくなったことも事実です。そうであるからこそ、介護が必要な状態であっても、人に迷惑をかけることなく、自分らしく生きることができる、そんな状況が求められているといえるでしょう。

　介護の仕事というのは、そんな状況を実現することにほかなりません。大げさに聞こえるかもしれませんが、多くの人が願う「理想的な社会」をつくりあげるのが、介護に携わる1人ひとりであることは間違いのない事実です。

　たしかに介護の仕事には大変さがつきものです。それは、非常に大きな目標をめざしているからこその大変さでもあり、そこに非常に大きなやりがいがあるということができるでしょう。

　みなさん、どうぞこの本を手に取り、介護の仕事の魅力を感じ、その一歩を踏み出してください。みなさんと一緒に、「理想的な社会」づくりをめざしていければ大変幸いです。

著者を代表して　黒岩亮子（淑徳大学専任講師）

著者一覧

結城康博（ゆうき　やすひろ）　淑徳大学総合福祉学部准教授（社会保障論、社会福祉学）。（まえがきに代えて・終章）

七種秀樹（さいくさ　ひでき）　西九州大学社会福祉学科卒業後、施設で相談員、居宅介護支援事業所のケアマネジャー等として従事し、現在、社会福祉法人芙蓉会ケアハウス第二椿寿荘副施設長として勤務。（第1章）

福田奈巳（ふくだ　なみ）　1977年生まれ。淑徳大学大学院博士前期課程修了（社会福祉学）。社会福祉法人 長岡福祉協会 グループホーム広沢の管理者。（第2章）

高田みつ美（たかだ　みつみ）　1974年生まれ。国立療養所東京病院付属看護学校卒業後、総合病院などで5年半勤務。医療・看護関連法人で特別養護老人ホームの調査に携わる。現在、訪問看護ステーションで訪問看護師として従事。（第3章）

小西啓太（こにし　けいた）　1966年生まれ。北星学園大学経済学部、日本福祉学院社会福祉士通信科を卒業。医薬品会社、介護事業者での勤務を経て、2007年より札幌ウェルケア合同会社（独立型居宅介護支援事業所）代表社員。日本ケアマネジメント学会認定ケアマネジャー、権利擁護センターぱあとなあ登録。（第4章）

石﨑志津子（いしざき　しづこ）　1964年生まれ。日本福祉大学通信教育学部卒業。介護福祉士・社会福祉士・精神保健福祉士・介護支援専門員。訪問介護・居宅支援・地域包括支援センターの経験を経て、現在は長岡福祉協会 サポートセンター広沢・小規模居宅介護広沢の管理者。（第5章）

西谷剛（にしや　ごう）　1978年生まれ。ヒルマ薬局 本町まんぞく介護 介護事業部長、介護福祉士、社会福祉士、介護支援専門員。平成15年に東京都豊島区に本町まんぞく介護の立ち上げに参画し、訪問介護、居宅介護支援、通所介護等を併設。2009年より現職。（第6章）

三縄浩司（みなわ　こうじ）1957年生まれ。株式会社フジヤマサービス代表取締役。福祉用具専門相談員、社会福祉士、介護支援専門員。社団法人日本福祉用具供給協会運営委員。（第7章）

橋本彼路子（はしもと　ひろこ）　STUDIO3（スタジオスリー）代表。日本女子大学・関東学院大学非常勤講師。工学博士、1級建築士、専攻建築士（設計）、福祉住環境コーディネーター1級。日本女子大学住居学科卒業、東京工業大学大学院修士課程修了、日本大学大学院博士課程後期修了（社会人入学）。清水建設設計本部、ラファエル・ヴィニオリ建築士事務所を経て、STUDIO3（スタジオ スリー）設立。（第8章）

前田和世（まえだ　かずよ）　1999年 日本女子大学人間社会学部社会福祉学科卒業。同年 やさしい手に入社。2000年4月に社会福祉士資格取得。サービス提供責任者業務、事業所責任者、24時間巡回型訪問介護事業部責任者を務め、現在に至る。（第9章）

黒岩亮子（くろいわ　りょうこ）　日本女子大学人間社会学部社会福祉学科専任講師。（第10章）

結城康博（ゆうき　やすひろ）
1969年生まれ。淑徳大学社会福祉学部卒業。法政大学大学院修了（経済学修士、政治学博士）。1994～2006年、東京都北区、新宿区に勤務し、介護職、ケアマネジャー、地域包括支援センター職員として介護系の仕事に従事。2007年より淑徳大学総合福祉学部准教授（社会保障論、社会福祉学）。『国民健康保険』『日本の介護システム─政策決定過程と現場ニーズの分析』『高齢者は暮らしていけない─現場からの報告』（以上、岩波書店）など著書多数。

黒岩亮子（くろいわ　りょうこ）
1996年日本女子大学卒業。東京都立大学大学院都市科学研究科、日本女子大学大学院人間社会研究科（社会福祉学博士）を経て、2002年より日本女子大学社会福祉学科専任助手・助教。2010年より淑徳大学社会福祉学科講師。

必要な資格から業務の内容まで
介護・福祉の仕事がわかる本

2012年2月1日　初版発行
2012年6月10日　第2刷発行

編著者　結城康博　©Y.Yuki 2012
　　　　黒岩亮子　©R.Kuroiwa 2012
発行者　杉本淳一

発行所　株式会社日本実業出版社　東京都文京区本郷3-2-12 〒113-0033
　　　　　　　　　　　　　　　　大阪市北区西天満6-8-1 〒530-0047
　　　　編集部 ☎03-3814-5651
　　　　営業部 ☎03-3814-5161　　振替 00170-1-25349
　　　　　　　　　　　　　　　　http://www.njg.co.jp/

印刷／壮光舎　　製本／共栄社

この本の内容についてのお問合せは、書面かFAX（03-3818-2723）にてお願い致します。
落丁・乱丁本は、送料小社負担にて、お取り替え致します。

ISBN 978-4-534-04914-8　Printed in JAPAN

読みやすくて・わかりやすい日本実業出版社の実務書

下記の価格は消費税(5%)を含む金額です。

〈最新　業界の常識〉
よくわかる介護・福祉業界

吉村克己
定価 1470円(税込)

複雑な介護保険制度の全体の概要をつかみつつ、その背景、しくみやサービスの内容、現状の課題と今後の傾向など、豊富なデータと徹底した企業取材でわかりやすく解説します。

最新
図解でわかる介護保険のしくみ

服部万里子
定価 1575円(税込)

介護保険のしくみや介護保険サービスから、今後の介護保険の展望までを網羅的に解説しました。介護事業者、介護サービスの利用者、福祉関係の資格試験受験者には必読の1冊です。

図解　2012年度介護保険の改正
　　　　　　　早わかりガイド

井戸美枝
定価 1470円(税込)

介護ビジネスに携わる人や介護サービスの利用者だけでなく、自治体の関係者、医師・看護師、福祉関係の資格取得をめざす人などにも影響が大きい改正内容を、図解でわかりやすくポイント解説。

ポイント整理＆演習
7日間完成　社会福祉士試験合格塾

飯塚慶子
定価 1680円(税込)

11科目を6日で学習。出題傾向を分析し、学習事項を絞り込み、ポイントを解説。複雑な内容をシンプルに図解するほか、記憶定着のためゴロ暗記なども随所に挿入。7日目には厳選模擬試験も収録。

定価変更の場合はご了承ください。